तत्त्व कौमुदी व्याकरण

TATTVAKAUMUDĪ GRAMMAR

(The Elements of Sanskrit Grammar in Sanskrit and Hindi)

तत्त्व कौमुदी व्याकरण

TATTVAKAUMUDĪ GRAMMAR

(The Elements of Sanskrit Grammar in Sanskrit and Hindi)

मथुरा प्रसाद मिश्र

BKP

भारतीय कला प्रकाशन

दिल्ली : : (भारत)

प्रथम संस्करण : 1868
संशोधित संस्करण : 2010

प्रकाशक :
सी.पी. गौतम
भारतीय कला प्रकाशन
3421-ए, 2nd फ्लोर, नारंग कॉलोनी,
त्री नगर, दिल्ली-110035
फोन : 27393083, 32967505
E-mail : bkp3421@yahoo.co.in
Website : www.bkpbooks.com

ISBN : 978-81-8090-257-4

मुद्रक :
जी.एस. ऑफसेट प्रिन्टर्स
दिल्ली

Preface

Sanskrit grammars prepared on the European system by no means afford a rigid mental discipline to the student. They simply exhibit a word in its complete form, and leave the reason *why* it assumes that form altogether out of the plan. In grammars on Indian principles, however, there is a chain of common dependencies and relations throughout as in Mathematics, and the appearance of a word that is formed should immediately recall all the auxiliary rules. But in these works the aphorisms are accompanied with Sanskrit explanations which the beginner is forced to learn by rote, at an expense of considerable time and labour. The design of the present treatise is to train the mind well, and omit what is cumbersome to the memory, to give the most important rules of Pāṇini, the greatest authority on Hindu grammar, and explain them in Hindi instead of Sanskrit. The rules in the large type only are intended to be committed to memory.

Such students as feel desirous of going deeper into the subject and know English can take up the Laghu Kaumudī translated into English by the late Dr. James, R. Ballantyne, or the author's edition of the same work with a Hindi version.

M.P.M.

सूचीपत्रम्

तत्त्वकौमुदी

संज्ञाप्रकरण

मूल—अइउण्। ऋऌक्। एओङ्। ऐऔच्। हयवरट्। लण। ञमङणनम्। झभञ्। घढधष्। जबगड़दश। खफछठथचटतव्। कपय्। शषसर। हल्।।

इति सूत्राणि अणादिसंज्ञार्थानि।।

टीका—ये सूत्र अण् आदि प्रत्याहारों के बनाने के लिये काम आते हैं।

मू०—एषामन्त्या इतः।।

टी०—इन सूत्रों के अन्त्य अक्षरों का नाम इत् है।

मू०—हकारादिष्वकार उच्चारणार्थः।

टी०—इन चतुर्दश सूत्रों में पाँचवें सूत्र को आदि ले जितने वर्ण सस्वर लिखे गये हैं उन सब के अकार केवल उच्चारण के लिये हैं।

मू०—लणमध्ये त्वित्संज्ञकः।।

टी०—लण् सूत्र में जो अकार है सो उच्चारण ही के लिये नहीं है किंतु उस आकार की इत् संज्ञा भी होती है।

मू०—हलन्त्यम्। १/३/३।।

टी०—उपदेश में जो अन्त्य हल् जिसका नाम इत् होय। आद्योच्चारण को उपदेश कहते हैं। जो पद सूत्र में आवश्यक है परंतु सूत्र में नहीं देख पड़ता उसको दूसरे सूत्र से लाना उचित है।।

मू०—अदर्शनं लोपः। १/१/६०।।

टी०—विद्यमान के अदर्शन को लोप कहते हैं।

मू०—तस्य लोपः। १/३/९।।

टी०—जिसका नाम इत् है उसका लोप हो।।

मू०–आदिरन्त्येन सहेता। १/१/७१।।

टी०– अन्त्य इत्संज्ञक के सहित जो आदि सो मध्यवर्तियों का बोधक हो और आदि का भी।

मू०–ऊ३कालोऽज्ह्रस्वदीर्घप्लुतः। १/२/२७। स प्रत्येकमुदात्तादि-भेदेन त्रिधा।।

टी०–उ ऊ ऊ३ ये तीन प्रकार उकार के हैं। जिस स्वर का उच्चारणकाल इन तीन उकारों के उच्चारणकाल के सदृश हो वह क्रम से ह्रस्व, दीर्घ और प्लुत अर्थात् त्रिमात्रक स्वर, कहलाता है। उदात्त, अनुदात्त और स्वरित के भेद से एक-एक अच् तीन-तीन प्रकार का है।

मू०–उच्चैरुदात्तः। १/२/२९।।

टी०– मुख में जो ताल्वादि स्थान हैं जिनके ऊपर के भाग से जो स्वर उच्चरित हो सो उदात्त कहलाता है।

मू०–नीचैरनुदात्तः। १/२/३०।।

टी०– मुख में जो ताल्वादि स्थान हैं उनके नीचे के भाग से जो स्वर उच्चरित हो वह अनुदात्त कहलाता है।

मू०–समाहारः स्वरितः। १/२/३१। स नवविधोऽपि प्रत्येकमनुनासिकाऽननुनासिकत्वाभ्यां द्विधा।।

टी०–जिस शब्द के उच्चारण में उदात्तत्व अनुदात्तत्व मिश्रित हो वह स्वरित कहा जाता है। फिर अनुनासिक और अननुनासिक भेदों से अचों की संख्या द्विगुण होती है।

मू०–मुखनासिकावचनोऽनुनासिकः। १/१/८।।

टी०– जो वर्ण नासिका और मुख से उच्चरित होता हो वह अनुनासिक कहलाता है। इस प्रकार से अ इ उ ऋ इन वर्णों के अट्ठारह-अट्ठारह भेद हैं। ऌ के बारह भेद हैं इसलिए कि उसको दीर्घ नहीं है। एच् अर्थात् ए ओ ऐ औ इनको ह्रस्व का अभाव है इस से इनके बारह ही भेद हैं।

मू०–तुल्यास्यप्रयत्नं सवर्णम्। १/१/९/ ऋऌवर्णयोर्मिथः सावर्ण्यं वाच्यम्।।

टी०–तालु आदि स्थान और आभ्यन्तर प्रयत्न जो आगे लिखे जाएंगे ये दोनों जिन वर्णों के स्थान और प्रयत्न से समान हों उनकी परस्पर सवर्ण संज्ञा होती है। उ०। ककार गकार का स्थान कण्ठ है और इनका आभ्यन्तर स्पृष्टनामक प्रयत्न है इसलिये ककार गकार आपस में सवर्ण कहलाते हैं। ऋ ऌ ये दो वर्ण परस्पर सवर्ण कहलाते हैं।

मू०–अकुहविसर्जनीयानां कण्ठः। ईचुयशानां तालु। ऋटुरषाणां मूर्धा। ऌतुलसानां दन्ताः। उपूपध्मानीयानामोष्ठौ। ञमङणनानां नासिका च। एदैतोः कण्ठतालु। ओदौतोः कण्ठोष्ठम्। वकारस्य दन्तोष्ठम्। जिह्वामूलीयस्य जिह्वामूलम्। नासिकाऽनुस्वारस्य।।

टी०–अ आ आ३ क क्ष ग घ ङ ह और विसर्ग इनका कण्ठ स्थान है। इ ई ई३ च छ ज झ ञ य और श इनका तालु स्थान है। ऋ ॠ ॠ३ ट ठ ड ढ ण र ष इनका मूर्धा स्थान है। ऌ ऌ३ त थ द ध न ल स इनका दन्त स्थान है। उ ऊ ऊ३ प फ ब भ म और उपध्मानीय अर्थात् ≍ प ≍ फ इनका ओष्ठ स्थान है। ङ ञ ण न म इनका अपने-अपने वर्गों से एक अधिक स्थान नासिका भी है। ए ऐ का कण्ठ और तालु स्थान है। ओ औ का कण्ठ और ओष्ठ स्थान है। वकार का दन्त और ओष्ठ स्थान है। जिह्वामूलीय अर्थात् ≍ क ≍ ख, इनका स्थान जीभ का मूल है। और अनुस्वार का स्थान नासिका है।

मू०–यत्नो द्विधा। आभ्यन्तरो बाह्यश्च। आद्यः पञ्चधा स्पृष्टेषत्स्पृष्टषद्विवृतविवृतसंवृतभेदात्। तत्र स्पृष्टप्रयतनं ञयाम्। ईषत्स्पृष्टं यणाम्। ईषद्विवृतं शलाम्। विवृतमचाम्। ह्रस्वस्याऽवर्णस्य प्रयोगे संवृतम्। प्रक्रियादशायां तु विवृतमेव। बाह्यस्त्वेकादशधा। विवारः संवारः श्वासो नादो घोषोऽघोषोऽल्पप्राणो महाप्राण उदात्तोऽनुदात्तः स्वरितश्चेति। खरो विवाराः श्वासा अघोषाश्च। हशः संवारा नादा घोषाश्च। वर्गाणां द्वितीयचतुर्थौ शलश्च महाप्राणाः। ≍ क ≍ ख इति कखाभ्यां प्रागर्धविसर्गसदृशो जिह्वामूलीयः। ≍ प ≍ फ इति पफाभ्यां प्रागधविसर्गसदृश उपध्मानीयः। अं अः इत्यचः परावनुस्वारविसर्गौ।।

टी०–प्रयत्न दो प्रकार का है। आभ्यन्तर और बाह्य। आभ्यन्तर वह है जो (वर्ण उत्पन्न होने के पहिले ओष्ठ से काकलक पर्यन्त मुख के प्रदेशों में) स्पर्श ईषत्स्पर्श आदि काम करे, और बाह्य वह है जो (वर्ण उत्पन्न होने के अनन्तर काकलक के

नीचे) कण्ठछिद्र का विकास संकोच आदि कार्य करे। पहला अर्थात् आभ्यन्तर प्रयत्न पांच प्रकार का है। जैसे-स्पृष्ट, ईषत्स्पृष्ट, ईषद्विवृत, विवृत, संवृत। स्पृष्ट प्रयत्न वही है जिसमें जीभ स्थान का स्पर्श करे। ञय प्रत्याहार के अक्षरों का स्पृष्ट प्रयत्न है। ईषत्स्पृष्ट अर्थात् किंचित् स्पृष्ट यणों का है। शलों का ईषद्विवृत प्रयत्न है। अचों का विवृत प्रयत्न है। प्रयोग में अर्थात् सिद्धरूप में ह्रस्व अकार का संवृत प्रयत्न है परंतु प्रक्रिया दशा में अर्थात् साधनिका दशा में विवृत ही समझा जाता है नहीं तो उसकी सवर्ण संज्ञा किसी अक्षर से असंभवित होगी। बाह्य प्रयत्न इन भेदों से ग्यारह प्रकार का है। जैसे विवार १, संवार २, श्वास ३, नाद ४, घोष ५, अघोष ६, अल्पप्राण ७, महाप्राण ८, उदात्त ९, अनुदात्त १०, स्वरित ११। खर् प्रत्याहार में जितने अक्षर हैं उनका विवार, श्वांस, और अघोष, प्रयत्न है। हश् प्रत्याहार के अक्षरों का संवार, नाद, और घोष प्रयत्न है। वर्णमाला में वर्गों के जो पहले तीसरे और पाँचवें अक्षर हैं अर्थात् क च ट त प, ग ज ड द ब, ङ ञ ण न म, इनका और यण् प्रत्याहार के अक्षरों का अल्पप्राण प्रयत्न है। और वर्गों के जो दूसरे और चौथे अक्षर हैं अर्थात् ख छ ठ थ फ, घ झ ढ ध भ, और शल् प्रत्याहार के अक्षरों का महाप्राण प्रयत्न जानिये। ककार खकार के पूर्व आधे विसर्ग के सदृश जो चिह्न हैं उन्हें जिह्वामूलीय कहते हैं। जैसे- ≍ क ≍ ख। पकार फकार के पूर्व जो आधे विसर्ग के तुल्य चिह्न हैं वे उपध्मानीय कहलाते हैं। जैसे- ≍ प ≍ फ। अं अः इनके समान किसी स्वर से परे जो एक और दो बिन्दी के सदृश चिह्न हों उनको क्रम से अनुस्वार और विसर्ग कहते हैं।

मू०-अणुदित् सवर्णस्य चाप्रत्ययः। १। १। ६९।। अत्रैवाण परेण णकारेण। कु चु टु तु पु, एते उदितः। तदेवम, इत्यष्टादशानां संज्ञा। तथेकारोकारौ। ऋकारस्त्रिंशतः। एवं लृकारोऽपि। एचो द्वादशानाम्। अनुनासिकाननुनासिकभेदेन यवला द्विधा। तेनाऽननुनासिकास्ते द्वयोर्द्वयोः संज्ञा।।

टी०-अविधीयमान जो अण् अर्थात् अण् प्रत्याहार के अक्षर जो किसी विधि से किये नहीं जाते वे और जिन अक्षरों का उकार इत्संज्ञक हो वे अपने सवर्णों के भी ग्राहक होते हैं। केवल इसी सूत्र में अण् प्रत्याहार पर णकार से अर्थात् लण् सूत्र के णकार से बनता है। कु चु टु तु पु ये ही वे हैं जिनका उकार इत्संज्ञक होता है। इसी सूत्र से एक अ अपने अट्ठारह विचित्र भेदों का बोधक होता है। जैसे ह्रस्व, दीर्घ और प्लुत इन प्रत्येक में उदात्त, अनुदात्त और स्वरित लगाते हैं तब नौ भेद होते हैं।

जैसे–ह्रस्व उदात्त, ह्रस्व अनुदात्त, ह्रस्व स्वरित, इत्यादि। फिर ये नौ अकार अनुनासिकत्व और अननुनासिकत्व भेद से अट्ठारह हो जाते हैं। इसलिए इस रीति से एक अकार अट्ठारह का बोधक है। इसी भांति इ उ भी अट्ठारह-अट्ठारह के बोधक हैं। ऋ ऌ परस्पर सवर्ण हैं इसलिये ऋ तीस वर्णों का बोधक है। ऐसे ही ऌ भी तीस वर्णों का बोधक है। एच् प्रत्याहार में जो अक्षर हैं वे प्रत्येक बारह-बारह के बोधक हैं। यकार वकार और लकार ये अनुनासिकत्व और अननुनासिकत्व भेद से प्रत्येक दो–दो प्रकार के हैं। इसलिये अपने अननुनासिक रूप में ये दो–दो के बोधक हैं।

मू०–परः संनिकर्षः संहिता। १/४/१०९।।

टी०–अक्षरों की जो अत्यन्त निकटता वह संहिता कहलाती है।

मू०–हलोऽनन्तराः संयोगः। १/१/७।।

टी०–अच् से अव्यवहित जो हल्, अर्थात् हल् प्रत्याहार के जिन अक्षरों के बीच में अच् प्रत्याहार के अक्षर न हों, वे संयोग कहलावें। जैसे–क् + त = क्त। स् + थ = स्थ। इत्यादि।

मू०–सुप्तिङन्तं पदम्। १/४/१४।।

टी०–सुप् वा तिङ् प्रत्याहार का प्रत्यय जिसके अन्त में हो वह पदोसंज्ञक होता है।

।। इति संज्ञाप्रकरणम्।।

अच्संधि

मू०–इको यणचि। ६/१/७७।।

टी०–इक् प्रत्याहार के अक्षरों के स्थान में यण् प्रत्याहार के अक्षर हों जब अच् परे रहे और संहिता का विषय हो। सुधी+उपास्यः ऐसा हुआ।

मू०–तस्मिन्निति निर्दिष्टे पूर्वस्य। १/१/६६।।

टी०–सप्तम्यन्त शब्द के उच्चारण से जो कार्य किया जाये सो उसी को हो जो सप्तम्यन्त पदार्थ के पूर्व रहे अर्थात् किसी दूसरे वर्ण करके सप्तम्यन्त पदार्थ व्यवहित न हो। सुधी + उपास्यः इस उदाहरण में उपास्यः का उकार वह सप्तम्यन्त पदार्थ अच् है जिसके परे रहते यण् कार्य होता है। यह कार्य सुधी शब्द के ईकार को होगा जो अच् से अव्यवहित पूर्व है।

मू०–स्थानेऽन्तरतमः। १/१/५०।।

टी०–जहाँ कई एक आदेश प्राप्त हों वहाँ उन में से जो बिल्कुल सदृश हो वही आदेश होता है। यण् प्रत्याहार के कहने से चार अक्षर प्राप्त हुए जिन चारों में से यकार ईकार के बिल्कुल सदृश है। इसलिये सु ध् य् + उपास्यः ऐसा रूप हुआ। फिर

मू०–संयोगान्तस्य लोपः। ८/२/२३।।

टी०–जिस पद के अन्त में संयोग हो उनका लोप हो। सुध्य् शब्द के अन्त में संयोग है इसलिये उसका लोप पाया।

मू०–अलोऽन्त्यस्य। १/१/५२।।

टी०–स्थानषष्ठ्यन्त शब्द के उच्चारण से जो आदेश किया जाये सो स्थानषष्ठ्यन्तवाच्य के अन्त्य अल् के स्थान में हो। इससे सुध्य् के यकार ही का लोप प्राप्त हुआ।

मू०–यणः प्रतिषेधो वाच्यः।।

टी०–कात्यायन मुनि ने यह कहा है कि यदि संयोगान्त पद का अन्त्य अक्षर यण् प्रत्याहार में हो तो उसका लोप नहीं होता। इस रीति से सुधी+उपास्यः=सुध्युपास्यः। मधु+अरिः=मध्वरिः। धातृ+अंशः=धात्रंशः। और ऌ+आकृतिः=लाकृतिः।

मू०–एचोऽयवायावः। ६/१/७८।।

टी०–अच् परे रहते एच् के स्थान में अय् अव् आय् आव् होते हैं।

मू०–यथासंख्यमनुदेशः समानाम्। १/३/१०।।

टी०–तुल्य संख्या वालों का ग्रहण करके जो कार्य किया जाये उनका सम्बन्ध क्रम से हो अर्थात् पहले को पहला दूसरे को दूसरा इसी रीति से हो। उ०। हरे+ए=हरये। विष्णो+ए=विष्णवे। नै+अकः=नायकः। पौ+अकः=पावकः।

मू०–वान्तो यि प्रत्यये। ६/१/७९।।

टी०–यदि यकारादि प्रत्यय परे हो तो ओकार को अव् और औकार को आव् आदेश होता है। उ०। गो+यम्=गव्यम्। नौ+यम्=नाव्यम्।

मू० अदेङ्गुणः। १/१/२।।

टी०–अकार एकार और ओकार को गुण कहते हैं।

मू०–तपरस्तत्कालस्य। १/१/७०।।

टी०–जिस स्वर से तकार परे रहे या तकार से परे जो स्वर हो सो अपने उच्चारणकाल के सदृश है उच्चारणकाल जिसका ऐसे सवर्ण का बोधक होवे। अकार के अट्ठारह भेद हैं परंतु यदि तकार परे रहे तो अत् ह्रस्व ही का बोधक होवे इत्यादि।

मू०–आद्गुणः। ६/१/८७।।

टी०–अकार या आकार से परे यदि अच् रहे तो पूर्व और पर के स्थान में एक गुण आदेश होता है। उ०। उप+इन्द्रः=उपेन्द्रः। गङ्गा+उदकम्=गङ्गोदकम्। अकार इकार के स्थान में एकार गुण और अकार उकार के स्थान में ओकार गुण सदृशता के कारण से होता है।

मू०–उपदेशेऽजनुनासिक इत्। १/३/२।।

टी०–उपदेश में जो स्वर अनुनासिक हो उसका नाम इत होता है। पाणिनीय सूत्रों में अनुनासिक का चिह्न दृष्ट नहीं आता किंतु पाणिनि की प्रतिज्ञा से या और किसी प्रमाण से जाना जाता है। लण् सूत्र में जो अनुनासिक इत्संज्ञक अकार है उसके साथ हयवरट् का रेफ मिलकर र प्रत्याहार बनता है। इस र प्रत्याहार में र् ल् इन दो ही अक्षरों का ग्रहण होता है।

मू०–उरण् रपरः। १/१/५१।।

टी०–ऋ तीस का बोधक पहिले कहा गया है। उसके स्थान में जो अण् आदेश हो तो रपर हो। अर्थात् उस से परे र प्रत्याहार का अक्षर हो। उ० कृष्ण+ऋद्धिः ऐसा स्थित है इसमें आद्गुणः सूत्र से गुण प्राप्त हुआ तब उरण् रपरः इस सूत्र से अकार ऋकार के स्थान में अर् गुण हुआ तब कृष्णर्धिः ऐसा सिद्ध हुआ। ऐसे ही तव+लृकारः=तवल्कारः।

मू०–लोपः शाकल्यस्य। ८/३/१९।।

टी०–जो पद के अन्त में यकार या वकार हो और उसके पूर्व अकार या आकार रहे तो अश् परे रहते यकार वकार का विकल्प से लोप हो। यह लोप केवल शाकल्य मुनि के मत में प्राप्त हुआ इसलिये विकल्प से होता है। उ०। हरे+इह=हर इह या हरयिह। विष्णो+इह=विष्ण इह वा विष्णविह।

मू०–पूर्वत्रासिद्धम्। ८/२/१।।

टी०–सपादसप्ताध्यायी (अर्थात् सात अध्याय और एक पाद के सूत्र) की

अपेक्षा त्रिपादी (अर्थात् अन्त्य अध्याय के तीन पाद का सूत्र) असिद्ध है। यह जानों कि त्रिपादी का सूत्र सपादसप्ताध्यायी के सूत्रों की दृष्टि में नहीं है। इसी भांति त्रिपादी में भी पूर्व सूत्र की अपेक्षा पर सूत्र असिद्ध है अर्थात् वह पूर्व सूत्र की दृष्टि में नहीं आता। जैसे लोपः शाकल्यस्य त्रिपादी का सूत्र है उससे जो लोप हुआ तो हर इह और विष्ण इह ऐसा सिद्ध हुआ। अब यहाँ अकार और इकार को आद्गुणः सूत्र करके गुण प्राप्त हुआ परंतु वह सपादसप्ताध्यायी का सूत्र है त्रिपादी के सूत्र को नहीं देख सकता इसलिये उस सूत्र की दृष्टि में मानों यकार और वकार का लोप ही नहीं हुआ और जब लोप न माना तो फिर गुणादेश की प्राप्ति भी न रही इसी हेतु से गुणादेश न हुआ।

मू०—वृद्धिरादैच्। १/१/१।।

टी०—आकार ऐकार और औकार को वृद्धि कहते हैं।

मू०—वृद्धिरेचि। ६/१/८८।।

टी०—अकार या आकार से परे यदि एच् रहे तो पूर्व पर के स्थान में वृद्धि एकादेश होवे। यह विधि गुण का अपवाद, अर्थात् निरवकाश होकर बाधक है। उ०—कृष्ण+एकत्वम्=कृष्णैकत्वम्। गङ्गा+ओघः=गङ्गौघः। देव+ऐश्वर्यम्=देवैश्वर्यम्। कृष्ण+औत्कण्ठ्यम्=कृष्णौत्कण्ठ्यम्।।

मू०—उपसर्गाः क्रियायोगे। १/४/५९।।

टी०—क्रिया से प्र इत्यादि संयुक्त हों तो उपसर्ग कहलावें।

मू०—प्र। परा। अप। सम्। अनु। अव। निस्। निर्। दुस्। दुर्। वि। आङ्। नि। अधि। अपि। अति। सु। उद्। अभि। प्रति। परि। उप। एते प्रादयः।।

टी०—ये बाईस प्रादि कहलाते हैं।

मू०—भूवादयो धातवः। १/३/१।।

टी०—जो शब्द क्रिया के कहने वाले हों और भ्वादि गण में पढ़े हों सो धातु कहलाते हैं।

मू०—एङि पररूपम्। ६/१/९४।।

टी०—अवर्णान्त उपसर्ग से परे जो एकारादि वा ओकारादि धातु रहे तो पूर्व और पर के स्थान में पररूप एकादेश होय। उ०। प्र+एजते=प्रेजते। उप+ओषति=उपोषति।

मू०–अचोऽन्त्यादि टि। १/१/६४।।

टी०–अचों के मध्य में अन्त्य जो अच् सो जिसके पूर्व हो उसके साथ उस अन्त्य अच् को टि संज्ञा होय। जैसे–मनस्+ईषा। इस में अस् इतने को टि संज्ञा होती है और शक शब्द में ककार के अकार को टि संज्ञा होती है।

मू०–शकन्ध्वादिषु पररूपं वाच्यम्।।

टी०–शकन्धु आदि ले जो शब्द हैं तिनको पररूप एकादेश हो ऐसा कहना चाहिये। यह पररूप टि के स्थान में हो। उ०। शक+अन्धु:=शकन्धु:। कर्क+अन्धु:= कर्कन्धु:। मनस्+ईषा=मनीषा। लाङ्गल+ईषा=लाङ्गलीषा। इस गण के शब्दों के स्वरूप ही के देखने से जान पड़ता है कि ये शकन्ध्वादि हैं। जैसे–मार्त+अण्ड:=मार्तण्ड:।

मू०–अक: सवर्णे दीर्घ:। ६/१/१०१।।

टी०–अक् से सवर्ण अच् परे रहते पूर्व पर के स्थान में दीर्घ एकादेश हो। उ०। दैत्य+अरि:=दैत्यारि:। श्री+ईश:=श्रीश:। विष्णु+उदय:=विष्णूदय:। होतृ+लृकार:= होतृकार:।।

मू०–एङ: पदान्तादति। ६/१/१०९।।

टी०–यदि पदान्त एकार ओकार से परे ह्रस्व अकार रहे तो पूर्वरूप एकादेश हो। उ०। हरे+अव=हरेऽव। विष्णो+अव=विष्णोऽव। ऐसे स्थान में यह चिह्न ऽ जिसका नाम अर्धाकार है सो लिखा जाता है।।

मू०–अनेकाल् शित् सर्वस्य। १/१/५५।।

टी०–जिस आदेश में इत्संज्ञक अक्षरों को छोड़कर अनेक अल् हों या जिसका शकार इत्संज्ञक हो संपूर्ण स्थानी के स्थान में वह हो।

मू०–ङिच्च। १/१/५३।।

टी०–जिस अनेकाल् आदेश का ङकार इत्संज्ञक हो सो अन्त्य अल् ही के स्थान में हो।

मू०–अवङ् स्फोटायनस्य। ६/१/१२३।।

टी०–अच् परे रहते पदान्त एङन्त गो शब्द को विकल्प करके अवङ् आदेश होवे। उ०। गोऽयम् वा गवायम्। पदान्त क्यों कहा। गो+इ=गवि। यहाँ गो शब्द का ओकार पदान्त में नहीं है इसलिये एचोऽयवायाव: सूत्र लगा।

मू०–इन्द्रे च। ६/१/१२४।।

टी०–इन्द्र शब्द परे रहते गो शब्द को अवङ् आदेश होवे। उ०। गो+इन्द्रः=गवेन्द्रः।।

मू०–दूराद्धूते। ८/२/८४।।

टी०–दूर से सम्बोधन विषे, अर्थात् पुकारने में जो वाक्य उसकी टि विकल्प करके प्लुत हो।

मू०–प्लुतप्रगृह्या अचि नित्यम्। ६/१/१२५।।

टी०–जो अच् प्लुत और प्रगृह्य हो सो जैसा का तैसा रहे अच् परे रहते। उ०–कृष्ण३ अत्र।।

मू०–ईदूदेद्द्विवचनं प्रगृह्यम्। १/१/११।।

टी०–ईकारान्त ऊकारान्त एकारान्त जो द्विवचन हों तो उनको प्रगृह्य संज्ञा हो। उ०। हरी एतौ। विष्णू इमौ। गङ्गे अमू।

मू०–चादयोऽसत्त्वे। १/४/५७।।

टी०–च इत्यादि द्रव्य के वाचक न हों तो निपात कहलावें।।

मू०–प्रादयः १/४/५८।।

टी०–प्र आदि भी उसी प्रकार से निपात कहे जायें।

मू०–निपात एकाजनाङ्। १/१/१४।।

टी०–आङ् को छोड़कर जो निपात एकाच् सो प्रगृह्यसंज्ञक हो। उ०। इ इन्द्रः। उ उमेशः। वाक्य और स्मरण अर्थ में आकार के साथ इत्संज्ञक ङकार न जानिये, इसी से उन दोनों अवस्था में भी प्रगृह्य होता है। उ०। आ एवं नु मन्यसे, क्या ऐसा मानते हो। आ एवं किल तत्, हाँ सचमुच ऐसा वह है। अन्यत्र आ निपात ङित् है और उस अवस्था में प्रगृह्यसंज्ञक नहीं होता। जैसे आ+उष्णम्=ओष्णम्। थोड़ा उष्ण।

मू०–ओत् १/१/१५।।

टी०–ओकारान्त जो निपात सो प्रगृह्य हो। उ० अहो ईशाः।।

मू०–ऋत्यकः। ६/१/१२८।।

टी०–ऋकार परे रहते पदान्त अक् विकल्प करके ह्रस्व हो। उ०–

ब्रह्मा+ऋषिः=ब्रह्मऋषिः या ब्रह्मर्षिः। पदान्त क्यों कहा। आ+ऋच्छत्=आर्च्छत्, यहाँ पदान्त अक् नहीं है।

इति स्वरसंधिः।।

हल्संधि

मू०–स्तोः श्चुना श्चुः। ८/४/४०।।

टी०–सकार या तवर्ग का योग जब शकार वा चवर्ग के साथ हो तब शकार चवर्ग आदेश हो, अर्थात् सकार को शकार और तवर्ग को चवर्ग क्रम से हो। उ०–रामस्+शेते=रामश्शेते। रामस्+चिनोति=रामश्चिनोति। सत्+चित्=सत्चित्। शार्ङ्गिन+जय=शार्ङ्गिञ्जय।

मू०–शात्। ८/४/४४।।

टी०–शकार से परे जो तवर्ग उनका चवर्ग न होवें। उ०–विश्+नः=विश्नः। प्रश्+नः=प्रश्नः।

मू०–ष्टुना ष्टुः। ८/४/४१।।

टी०–सकार या तवर्ग का योग जो षकार वा टवर्ग से हो तो सकार और तवर्ग को षकार और टवर्ग क्रम से होता है। उ०–रामस्+षष्ठः=रामष्षष्ठः। रामस्+टीकते=रामष्टीकते। पेष्+ता=पेष्टा। तत्+टीका=तट्टीका। चक्रिन्+ढौकसे=चक्रिण्ढौकसे।

मू०–न पदान्ताट्टोरनाम्। ८/४/४२।।

टी०–नाम् के नकार को छोड़ कर पदान्त टवर्ग से परे जो दन्त्य अक्षर रहें तो उनको मूर्धन्य नहीं होता। उ०–षट् सन्तः। षट् ते। पदान्त क्यों कहा। ईड्+ते=ईट्+ते=ईट्टे.। टवर्ग का ग्रहण क्यों किया। सर्पिष्+तमम्=सर्पिष्टमम्।

मू०–अनाम्नवतिनगरीणामिति वाच्यम्।।

टी०–पिछले निषेध सूत्र में केवल नाम् शब्द ही का ग्रहण किया गया है उसमें नवति और नगरी इन शब्दों का भी ग्रहण करना चाहिये। उ०–षड्+नाम्=षण्णाम्। षड्+नवतिः=षण्णवतिः। षड्+नगर्यः=षण्णगर्यः।

मू०–तोः षि। ८/४/४३।।

टी०–षकार परे रहते तवर्ग को टवर्ग आदेश नहीं होता। उ०–सन् षष्ठः।।

मू०—झलां जशोऽन्ते। ८/२/३९।।

टी०—पदान्त झल् के स्थान में जश् होता है। वाक्+ईशः=वागीशः।

मू०—यरोऽनुनासिकेऽनुनासिको वा। ८/४/४५।।

टी०—जो अनुनासिक परे रहे तो पदान्त यर् के स्थान में विकल्प करके अनुनासिक होता है। उ०। एतद्+मुरारिः=एतन्मुरारिः या एतद्मुरारिः।

मू०—प्रत्यये भाषायां नित्यम्।।

टी०—अनुनासिकादि प्रत्यय परे रहते अवैदिक ग्रन्थों में नित्य ही अनुनासिक होता है। उ०। तद्+मात्रम्=तन्मात्रम्। चित्+मयम्=चिन्मयम्।

मू०—तोर्लि। ८/४/६०।।

टी०—जब लकार परे हो तब तवर्ग के स्थान में पर का सवर्ण होता है। उ०–तद्+लयः=तल्लयः। विद्वान्+लिखति=विद्वाल्ँलिखति। यहाँ नकार के स्थान में लकार अनुनासिक हुआ।

मू०—उदः स्थास्तम्भोः पूर्वस्य। ८/४/६१।।

टी०—उद् उपसर्ग से परे जो स्था शब्द या स्तम्भ शब्द तिसके स्थान में पूर्व का सवर्ण होता है।

मू०—तस्मादित्युत्तरस्य। १/१/६७।।

टी०—पञ्चम्यन्त पद के उच्चारण से जो कार्य किया जाये सो उसी को होता है जो पञ्चम्यन्त पदार्थ से अव्यवहित परे रहता है।

मू०—आदेः परस्य। १/१/५४।।

टी०—पर को जो कार्य विहित हो सो उसके आदि को होय। इसलिये स्था और स्तम्भ के सकार ही के स्थान में थकार हुआ, और थकार होने के कारण यह है कि इसके और सकार के प्रयत्न एक ही हैं, अर्थात् विवार और महाप्राण।

मू०—झरो झरि सवर्णे। ८/४/६५।।

टी०—हल् से परे जो झर् तिनका लोप विकल्प करके होता है यदि सवर्ण झर् परे हों। इससे एक पक्ष में थकार का लोप हुआ। उ०। उद्+थानम्। उद्+तम्भनम्। फिर

मू०—खरि च। ८/४/५५।।

टी०—खर् परे हों तो झलों के स्थान में चर् होवें। इसलिये दकार के स्थान में तकार हुआ। तब, उद्+थानम्=उत्थानम्। उद्+तम्भनम्=उत्तम्भनम्।

मू०–झयो होऽन्यतरस्याम्। ८/४/६२।।

टी०–झय् से परे जो हकार हो तो उसके स्थान में विकल्प करके पूर्व का सवर्ण होता है। प्रत्येक वर्ग में जो चौथा वर्ण है सो नाद घोष संवार और महाप्राण प्रयत्न का जो हकार तिसके सदृश है। इसलिये यहाँ ह को घ हुआ। उ०। वाग्+हरिः=वाग्घरिः अथवा वागृहरिः।।

मू०–शश्छोऽटि। ८/४/६३।।

टी०–झय् से परे जो शकार उसके स्थान में विकल्प करके छकार होता है यदि अट् उस से परे रहे। जैसे। तद्+शिवः, इस उदाहरण में दकार के स्थान में चवर्ग का तीसरा जकार हुआ। फिर खरि च सूत्र से जकार के स्थान में चकार हुआ, तब तच्छिवः, और एक पक्ष में तच्शिवः सिद्ध हुआ।

मू०–छत्वममीति वाच्यम्।।

टी०–पिछली विधि में अम् प्रत्याहार परे रहते द्वित्व होता है, ऐसा कहना चाहिये। जैसे। तद्+श्लोकेन=तच्छ्लोकेन।

मू०–मोऽनुस्वारः। ८/३/२३।।

टी०–हल् परे रहते मकारान्त पद के मकार के स्थान में अनुस्वार होवे। उ०–हरिम्+वन्दे=हरिं वन्दे।

मू०–नश्चापदान्तस्य झलि। ८/३/२४।।

टी०–झल् परे रहते अपदान्त नकार और मकार के स्थान में अनुस्वार होवे। उ०। यशान्+सि=यशांसि। आक्रम्+स्यते=आक्रंस्यते।

मू०–अनुस्वारस्य ययि परसवर्णः। ८/४/५८।।

टी०–यय् परे रहते अनुस्वार के स्थान में पर का सवर्ण होता हैं। उ०–शाम्+तः=शां+तः शान्तः।।

मू०–वा पदान्तस्य। ८/४/५९।।

टी०–यय् परे रहते पदान्त अनुस्वार के स्थान में विकल्प करके पर का सवर्ण होता हैं। उ०। त्वम्+करोषि=त्वं करोषि अथवा त्वङ्करोषि।

मू०–डः सि धुट्। ८/३/२९।।

टी०–डकार से परे जो सकार उसको विकल्प करके धुट् आगम होता है। मित्र के सदृश जो होता है उसे आगम कहते हैं।

मू०–आद्यन्तौ टकितौ। १/१/४६।।

टी०–जिस आगम का टकार या ककार इत्संज्ञक हो सो आगम जिसको कहा हो उसके आदि और अन्त में क्रम करके होता है, अर्थात् टित् आदि में और कित् अन्त में होता है। उ०–षड्+सन्तः। इस उदाहरण में धुट् हुआ, तब, षड्+धुट्सन्तः, फिर धुट् के टकार और उकार का लोप हो गया, इसलिये, षड्+ध्सन्तः, फिर, षट्त्सन्तः, सिद्ध हुआ, पक्ष में षट् सन्तः।

मू०–छे च। ६/१/७३।।

टी०–छकार परे रहते ह्रस्व को तुक् आगम होता है। उ०–शिव+छाया= शिवच्छाया।

मू०–पदान्ताद्वा। ६/१/७६।।

टी०–पदान्त दीर्घ को विकल्प करके तुक् आगम होता है छकार परे रहते। उ०–लक्ष्मी+छाया=लक्ष्मीच्छाया। पक्ष में लक्ष्मीछाया।

इति हल्संधिः।

विसर्गसंधि

मू०–वा शरि। ८/३/३६।।

टी०–शर् परे रहते विसर्ग के स्थान में विकल्प करके विसर्ग ही होता है। उ०–हरिः+शेते=हरिः शेते। पक्ष में हरिश्शेते।

मू०–ससजुषो रुः। ८/२/६६।।

टी०–पदान्त सकार को और सजुष् शब्द को रु होता है।

मू०–अतो रोरप्लुतादप्लुते। ६/१/११३।।

टी०–अप्लुत अकार से परे जो रु उसके स्थान में उकार होता है। अप्लुत अकार परे रहते। उ०। शिवस्+अर्च्यः=शिवोऽर्च्यः।।

मू०–हशि च। ६/१/११४।।

टी०–हश् परे रहते पिछली विधि के अनुसार रु को उ होता है। शिवस्+ वन्द्यः=शिवो वन्द्यः।।

मू०–भोभगोअघोअपूर्वस्य योऽशि। ८/३/१७।।

टी०–जिस रु से पूर्व भो भगो अघो वा अवर्ण रहे तिस रु के स्थान में यकार होता है अश् परे रहते। उ०। देवास्+इह=देवायिह। पक्ष में देवा इह। भोस् भगोस् और अघोस् ये शब्द सकारान्त निपात हैं, इनके सकार को रु हुआ। तब उसको यत्व किये पीछे वक्ष्यमाण विधि लगती हैं।

मू०–हलि सर्वेषाम्। ८/३/२२।।

टी०–सब आचार्यों के मत में जिस यकार से पूर्व भो भगो०अघो या अवर्ण रहे उसका लोप होता है हल् परे रहते। उ०। भोस्+देवाः=भो देवाः। तैसे। भगो नमस्ते। अघो याहि।

मू०–रोऽसुपि। ८/२/६९।।

टी०–सुप् परे न रहे तो अहन् शब्द के नकार को रेफ आदेश होता है। अहन्+अहः=अहरहः। अहन्+गणः=अहर्गणः।

मू०–रो रि। ८/३/१४।।

टी०–रेफ परे हो तो रेफ का लोप होता है।।

मू०–ढ्रलोपे पूर्वस्य दीर्घोऽणः। ६/३/१११।।

टी०–यदि ढकार या रेफ के लोप का निमित्त ढकार या रेफ हो तो उसके पूर्व अण् को दीर्घ होता है। उ०–पुनर्+रमते=पुना रमते। हरिस्+रम्यः=हरी रम्यः। शंभुस्+राजते=शंभू राजते। अण् क्यों कहा। तृढः। वृढः। इन प्रयोगों में भी लोप का निमित्त ढकार है पर अण् प्रत्याहार में ऋकार नहीं है इसलिये उसको दीर्घ नहीं होता क्योंकि अण् पूर्व णकार ही पर्यन्त लिया जाता है। जैसे–वृढ्+ढः=वृढः। वृढ्+ढः=वृढः। मनस्+रथः, यहाँ जब रुत्व कर चुके तब हशि च इस सूत्र से उकार और रो रि इस सूत्र से रेफ का लोप पाया। फिर

मू०–विप्रतिषेधे परं कार्यम्। १/४/२।।

टी०–तुल्यवल सूत्रों के विरोध में अष्टाध्यायी के क्रमानुसार जो पर हो सो कार्य करे। इस विधि से लोप प्राप्त हुआ क्योंकि हशि च छठे अध्याय का सूत्र है और रो रि आठवें अध्याय का है। परंतु पूर्वत्रासिद्धम् इस सूत्र करके रो रि असिद्ध है इसलिये हशि च से उकार ही हुआ। मन+उ+रथः=मनोरथः।।

मू०–एतत्तदोः सु लोपोऽकोरनञ्समासे हलि। ६/१/१३२।।

टी०–ककार रहित जो एतद् शब्द और तद् शब्द तिनके सु का लोप होता है हल्

परे रहते परंतु नञ् समास हो तो नहीं। जब सु आता है तब एतद् और तद् का रूप एषस् और सस् बन जाता है। उ०-एष विष्णुः। स शंभुः। ककार रहित क्यों कहा। एषको रुद्रः, यहाँ ककार सहित ही है। नञ् समास का निषेध क्यों किया। असशिवः, यहाँ नञ् समास है। हल् परे क्यों कहा। एतद्+सु+अत्र=एषोत्र, यहाँ हल् परे नहीं है।

मू०-सोऽचि लोपे चेत् पादपूरणम्। ६/१/१३४।।

टी०-अच् परे रहते यदि लोप के बिना पाद अर्थात् श्लोक या मन्त्र का चतुर्थांश पूर्ण न होता हो तो सस् के सु का, लोप होता है। उ०-सेमामविड्ढि प्रभृतिम्। इस पाद में यदि यह विधि न लगती तो यकार के लोप के असिद्ध होने से गुण न होता और म इमाम् ऐसा ही रहता तो पाद भी पूर्ण न होता। ऐसे ही सैष दाशरथी रामः, यहाँ सैष में संधि होने से पाद की पूर्ति हो जाती है।

इति संधयः

अजन्त पुल्लिङ्ग

मू०-अर्थवदधातुरप्रत्ययः प्रातिपदिकम्। १/२/४५।।

टी०-धातु प्रत्यय और प्रत्ययान्त को छोड़कर जो अर्थवान् शब्द सो प्रातिपदिक कहलाता है।।

मू०-कृत्तद्धितसमासाश्च। १/२/४६।।

टी०-कृदन्त और तद्धितप्रत्ययान्त और समास इनको भी प्रातिपदिक संज्ञा होती है।।

मू०-स्वौजसमौट्छष्टाभ्यांभिस्ङेभ्यांभ्यस्ङसिभ्यांभ्यस्ङसोसाम्ङ्योस्सुप्। ४/१/२।।

टी०-सुप् प्रत्याहार इक्कीस प्रत्ययों का नाम है और अब अलग-अलग इनका रूप लिखते हैं-

प्रथमा विभक्ति	सु	औ	जस्
द्वितीया विभक्ति	अम्	औट्	शस्
तृतीया विभक्ति	टा	भ्याम्	भिस्
चतुर्थी विभक्ति	ङे	भ्याम्	भ्यस्
पञ्चमी विभक्ति	ङसि	भ्याम्	भ्यस्

षष्ठी विभक्ति	ङस्	ओस्	आम्
सप्तमी विभक्ति	ङि	ओस्	सुप्

इस रीति से सातों विभक्ति के जुदा-जुदा रूप जानिये।

जब ये प्रत्यय शब्द के अन्त में आते हैं तब इनका ऐसा स्वरूप रहता है और इन स्वरूपों का स्मरण रखना उचित है।। यथा-

प्रथमा विभक्ति	स्	औ	अस्
द्वितीया विभक्ति	अम्	औ	अस्
तृतीया विभक्ति	आ	भ्याम्	भिस्
चतुर्थी विभक्ति	ए	भ्याम्	भ्यस्
पञ्चमी विभक्ति	अस्	भ्याम्	भ्यस्
षष्ठी विभक्ति	अस्	ओस्	आम्
सप्तमी विभक्ति	इ	ओस्	सु

मू०-ङ्याप्प्रातिपदिकात्। ४/१/१।।

टी०-ये प्रत्यय ङ्यन्त आबन्त और प्रातिपदिक से परे होते हैं।।

मू०-सुपः। १/४/१०३।।

टी०-सुप् प्रत्याहार में प्रत्येक विभक्ति के जो तीन-तीन भाग हैं सो क्रम से एकवचन द्विवचन बहुवचन कहलावें।

मू०-द्व्येकयोर्द्विवचनैकवचने। १/४/२२।।

टी०-दो की विवक्षा में द्विवचन और एक की विवक्षा में एकवचन होता है।।

मू०-बहुषु बहुवचनम्। १/४/२१।

टी०-जहाँ बहुत ही विवक्षा हो तहाँ बहुवचन होता है।।

मू०-विरामोऽवसानम्। १/४/११०।।

टी०-वर्णों का अभाव अवसान कहलाता है। राम शब्द को पहिले प्रातिपदिक संज्ञा हुई तब सातों विभक्ति पाईं उनमें प्रातिपदिकार्थ की विवक्षा करने से प्रथमा के तीनों वचन पाये फिर एक राम की विवक्षा में एकवचन सु हुआ तब राम+सु ऐसा होने पर सु के उकार की इत्संज्ञा हुई तब उकार का लोप हुआ तौ राम+स् हुआ। फिर पदान्त सकार है इसलिये स् को रु हुआ इसके भी उकार की इत्संज्ञा हुई और उसका

लोप हुआ फिर यह रेफ अवसान में है इस निमित्त इसको विसर्ग हुआ तब रामः ऐसा सिद्ध हुआ।।

मू०—सरूपाणामेकशेष एकविभक्तौ। १/२/६४।।

टी०—एक विभक्ति में जितने समान रूप देखे जायें उनमें से एक ही शेष रहे और सब का लोप होवे। उ०—जैसे दो राम की विवक्षा में राम राम, ऐसी स्थिति हुई जहाँ इस सूत्र से एक राम कहा और एक का लोप हो गया तब द्विवचन औ आया और राम+औ ऐसा हुआ। अब राम+औ में वृद्धि पाई और उसको बाध करके इस नीचे लिखित सूत्र से दीर्घ पाया।

मू०—प्रथमयोः पूर्वसवर्णः। ६/१/१०२।।

टी०—यदि प्रथमा या द्वितीया विभक्ति का अच् अक् से परे हो तो पूर्व का सवर्ण दीर्घ एकादेश होवे। इस सूत्र से दीर्घ पाया। तब

मू०—नादिचि। ६/१/१०४।।

टी०—अवर्ण से परे यदि इच् रहे तो पूर्व का सवर्ण दीर्घ नहीं होता। इससे दीर्घ का निषेध हुआ तब वृद्धि हुई तो राम+औ=रामौ।।

मू०—चुटू। १/३/७।।

टी०—प्रत्यय के आदि में जो चवर्ग और टवर्ग सो इत्संज्ञक होते हैं। इससे जस् के अकार की इत्संज्ञा हुई। तब, राम+अस् हुआ।

मू०—विभक्तिश्च। १/४/१०४।।

टी०—सुप् और तिङ् इन दोनों को विभक्ति संज्ञा होती है।

मू०—न विभक्तौ तुस्माः। १/३/४।।

टी०—विभक्ति के जो तवर्ग सकार और मकार उनको इत्संज्ञा नहीं होती। उ०—राम+अस्=रामाः, अर्थात् अनेक राम।

मू०—एकवचनं संबुद्धिः। २/३/४९।।

टी०—संबोधन में जो प्रथमा का एकवचन सो संबुद्धिसंज्ञक होता है।

मू०—यस्मात् प्रत्ययविधिस्तदादि प्रत्ययेऽङ्गम्। १/४/१३।।

टी०—जिस प्रकृति से जो प्रत्यय कीजिये वही प्रत्यय परे रहे जिस से तत्प्रकृतिपूर्वक समुदाय को अङ्ग संज्ञा हो। जैसा राम शब्द से सु हुआ तो वही सु प्रत्यय परे रहते राम शब्द को अङ्ग संज्ञा हुई।।

मू०—एङ्ह्रस्वात् संबुद्धेः। ६/१/६९।।

टी०—एङन्त वा ह्रस्वान्त अङ्ग से परे जो संबुद्धि का हल् तिसका लोप होता है। अब ह्रस्वान्त अङ्ग राम शब्द से परे जो सु का सकार जिसका लोप हो गया। उ०। हे राम। हे रामौ। हे रामा:। अब आगे द्वितीया विभक्ति के रूप कहते हैं। राम+अम्।

मू०—अमि पूर्वः। ६/१/१०७।।

टी०—अक् प्रत्याहार से जो अम् विभक्ति का अच् परे रहे तो पूर्व का रूप एकादेश होता है। उ०। राम+अम्=रामम्। राम+औ=रामौ। और बहुवचन में राम+शस् ऐसा है। तब

मू०—लशक्वतद्धिते। १/३/८।।

टी०—तद्धितभिन्न प्रत्यय के आदि में जो ल् श् और कवर्ग वे इत् होते हैं।

मू०—तस्माच्छसो नः पुंसि। ६/१/१०३।।

टी०—पूर्व सवर्ण दीर्घ से परे जो शस् का सकार तिसको नकार हो पुल्लिङ्ग में। उ०—रामान्।

मू०—अटकुप्वाङ्नुम्व्यवायेऽपि। ८/४/२।।

टी०—अट् प्रत्याहार कवर्ग पवर्ग आङ् और नुम् ये सब अलग-अलग या मिले हुए, अर्थात् रेफ और नकार अथवा षकार और नकार के बीच में रहें तो एक पद में विद्यमान जो रेफ वा षकार उससे परे नकार को णकार होता है। यहाँ नुम् से अनुस्वार उपलक्षित है। इस सूत्र से रामान् के अन्त्य नकार को णकार प्राप्त हुआ।

मू०—पदान्तस्य। ८/४/३७।।

टी०—पदान्त नकार को णत्व नहीं होता। उ०—रामान्। अब तृतीया के रूप कहते हैं। राम+टा, ऐसी स्थिति है। तब

मू०—टाङसिङसामिनात्स्याः। ७/१/१२।।

टी०—अकारान्त शब्द से परे जो टा, ङसि और ङस् इनको क्रम से इन आत् और स्य आदेश होता है। इस से टा के स्थान में इन आदेश हुआ तो राम+इन हुआ। फिर णत्व होने से रामेण यह सिद्ध हुआ। द्विवचन में राम+भ्याम् ऐसा है। तब

मू०—सुपि च। ७/३/१०२।।

टी०—यञादि विभक्ति परे रहते अदन्त अङ्ग के अकार को दीर्घ हो। उ०—रामाभ्याम्। बहुवचन में राम+भिस् है। तब

मू०—अतो भिस ऐस्। ७/१/९।।

टी०—अदन्त अङ्ग से परे जो भिस् उसको ऐस् आदेश हो। ऐस् में अनेक अल् हैं इससे संपूर्ण भिस् के स्थान में ऐस् हुआ तो राम+ऐस्=रामैः। अब चतुर्थी के रूप कहते हैं। राम+ङे। तब

मू०—ङेर्यः। ७/१/१३।।

टी०—अकारान्त अङ्ग से परे जो ङे उसको ये आदेश हो। राम+य, ऐसा हुआ। तब

मू०—स्थानिवदादेशोऽनल्विधौ। १/१/५६।।

टी०—आदेश स्थानी के सदृश होता है परंतु स्थानी के अवयव या स्थानी रूप अल् के धर्म को मानकर जहाँ कार्य किया जाये वहाँ नहीं। ङे सुप् है पूर्व सूत्र के अनुसार इसके स्थान में जो यकार हुआ है सो भी इस विधि से सुप् है इसलिये सुप् को मानकर दीर्घ हुआ तब, रामाय। रामाभ्याम्।

मू०—बहुवचने झल्येत्। ७/३/१०३।।

टी०—झल् है आदि में जिसके ऐसा बहुवचन सुप् परे हो तो अदन्त अङ्ग के अकार को एकार हो। उ०। राम+भ्यस्=रामेभ्यः। सुप् ग्रहण क्यों किया। जो सुप् परे न कहते तो पच+ध्वम्=पचध्वम्, यहाँ एकार हो जाता। अब पञ्चमी के रूप कहते हैं। राम+ङसि तब राम+आत्। तब

मू०—वावसाने। ८/४/५६।।

टी०—अवसान में झल् को विकल्प करके चर् होता है। उ०—रामात् वा रामाद्। रामाभ्याम्। रामेभ्यः। अब षष्ठी के रूप कहते हैं। राम+ङस्=राम+अस्=रामस्य। षष्ठीद्विवचन में राम+ओस् है। तब

मू०—ओसि च। ७/३/१०४।।

टी०—अदन्त अङ्ग को एकार हो ओस् परे रहते। उ०—राम+ओस्=रामयोः।।

मू०—ह्रस्वनद्यापो नुट्। ७/१/५४।।

टी०—ह्रस्वान्त नद्यन्त आबन्त अङ्ग से परे जो आम् तिसको नुट् आगम होता है। राम+आम् तब राम+नाम्। तब

मू०—नामि। ६/४/३।।

टी०—नाम् परे रहते अजन्त अङ्ग को दीर्घ होता है। इससे रामानाम्, तब रामाणाम्।

अब सप्तमी के रूप कहते हैं। राम+ङि=रामे। रामयोः। बहुवचन में। राम+सुप्, तब रामे+सु। फिर

मू०–आदेशप्रत्ययोः।८/३/५९।।

टी०–अपदान्त आदेश रूप सकार वा अपदान्त प्रत्यय का अवयव सकार जो इण् वा कवर्ग से परे हो तो उसको मूर्धन्य हो। ईषद्विवृत-प्रयत्नवान् दन्त्य सकार के सदृश मूर्धन्य षकार है इसलिये षकार ही आदेश हुआ, तब रामेषु सिद्ध हुआ। ऐसे ही कृष्ण आदि अकारान्त शब्द के रूप जानिये।

मू०–सर्वादीनि सर्वनामानि।१/१/२७। सर्व विश्व उभ उभय डतर डतम अन्य अन्यतर इतर त्वत् त्व नेम सम सिम। पूर्वपरावर-दक्षिणोत्तरापराधराणि व्यवस्थायामसंज्ञायाम्। स्वमज्ञातिधनाख्यायाम्। अन्तरं बहिर्योगोपसव्यानयोः। त्यद् तद् यद् एतद् इदम् अदस् एक द्वि युष्मद् अस्मद् भवतु किम्।।

टी०–सर्वादि गण को सर्वनाम संज्ञा हो। वह सर्वादि गण यह है–सर्व, अर्थात् संपूर्ण। विश्व, संपूर्ण या संसार। उभ, दो। उभय, दो अवयववान्। डतर, डतम, ये दोनों प्रत्यय हैं ऐसा करके तदन्त शब्द लिये जाते हैं। जैसे–कतर, कतम, शब्द। अन्य, दूसरा। अन्यतर, दो में एक। इतर, दूसरा। त्वत्, दूसरा। त्व, दूसरा। नेम, आधा। सम, संपूर्ण। सिम, संपूर्ण। पूर्व, अवर, दक्षिण, उत्तर, अपर, अधर, ये सात शब्द जो व्यवस्था में विद्यमान हों या संज्ञा न हों तो सर्वादि गण में इनका पाठ जानना। स्व शब्द का अर्थ जब आत्मा या आत्मीय हो तब सर्वादि गण में इसका पाठ जानना परंतु ज्ञाति या धन अर्थ हो तो नहीं। अन्तर शब्द का अर्थ जो बहिर्योग वा उपसंव्यान हो तो सर्वादि गण में पाठ जानना। त्यद्, वह। तद्, वह। यद्, जो। एतद्, यह। इदम्, यह। अदस्, वह। एक, एक। द्वि, दो। युष्मद्, तू। अस्मद्, मैं। भवतु, आप। किम्, कौन। ये सब सर्वादि जानिये।

मू०–जसःशी।७/१/१७।।

टी०–अदन्त अङ्ग से परे और सर्वनाम से विहित जो जस् तिसको शी हो। शी अनेकाल् है इसलिये संपूर्ण जस् को हुआ। उ०–सर्व+शी=सर्वे।

मू०–सर्वनाम्नः स्मै।७/१/१४।।

टी०–अकारान्त अङ्ग से परे और सर्वनाम से विहित जो ङे उसे स्मै आदेश होता है। उ०–सर्व+ङे=सर्वस्मै।।

मू०–ङसिङ्यो: स्मात्स्मिनौ। ७/१/१५।।

टी०–अदन्त अङ्ग से परे और सर्वनाम से विहित जो ङसि और ङि उनके स्थान में क्रम से स्मात् और होते हैं। उ०–सर्व+ङसि=सर्वस्मात्।

मू०–आमि सर्वनाम्न: सुट्। ७/१/५२।।

टी०–अवर्णान्त अङ्ग से परे और सर्वनाम से विहित जो आम् तिसको सुट् आगम हो। उ०–सर्व+सुट्+आम्=सर्वेषाम्।। सर्व+ङि=सर्वस्मिन्। सर्व शब्द के शेष रूप राम शब्द के सदृश जानिये। इसी रीति से विश्व आदि अदन्त सर्वनाम के रूप होते हैं। उभ शब्द सर्वदा द्विवचनान्त है। उभौ २। उभाभ्याम् ३। उभयो: २। सर्वनाम संज्ञा का फल एकवचन और बहुवचन ही में दिखाई पड़ा है और सर्वादि गण में द्विवचनान्त उभ शब्द के लिखने का यह प्रयोजन होता है कि इसकी टि के पूर्व अकच् प्रत्यय हो। और यह प्रत्यय सर्वनाम को होता है जो उभ शब्द सर्वादि में अन्तर्गत न होता तो उसकी टि के पूर्व अकच् भी न हो सकता। डतर और डतम प्रत्यय हैं। जहाँ प्रत्यय का ग्रहण हो वहाँ जिस शब्द के अन्त में प्रत्यय होता हो उस प्रत्ययान्त शब्द का ग्रहण करना इष्ट है इस निमित्त डतरान्त और डतमान्त शब्द का ग्रहण है। नेम शब्द अर्ध अर्थ में सर्वनाम है। सम शब्द सर्व अर्थ में सर्वनामसंज्ञक है परंतु तुल्य अर्थ में नहीं, क्योंकि तुल्य अर्थ में समानाम् ऐसा सूत्रकार ने लिखा है।

मू०–पूर्वपरावरदक्षिणोत्तरापराधराणि व्यवस्थायामसंज्ञायाम्। १/१/३४।।

टी०–पूर्व, अर्थात् पूर्व दिशा या पूर्वदिशावर्ती। पर, अर्थात् पर दिशा या परदिशावर्ती। अवर, अर्थात् पश्चिम दिशा या पश्चिमदिशावर्ती। दक्षिण, अर्थात् दक्षिण दिशा या दक्षिणदिशावर्ती। उत्तर, अर्थात् उत्तरदिशा या उत्तरदिशावर्ती। अपर, अर्थात् दूसरी दिशा या दूसरी दिशावर्ती। अधर, नीचा। इन शब्दों को गण सूत्र करके (संज्ञा से भिन्न और व्यवस्था अर्थ में) जो सर्वनाम संज्ञा सर्वत्र नित्य प्राप्त है सो जस् परे रहते विकल्प करके हो। उ०–पूर्वे, वा पूर्वा:। संज्ञा से भिन्न क्यों कहा। उत्तरा: कुरव:, कुरु की संज्ञा उत्तर है। अब यहाँ सर्वनाम संज्ञा हो जायेगी। इन सातों शब्दों के अर्थ करके अपेक्षित जो अवधि उसके नियम को व्यवस्था कहते हैं। व्यवस्था ग्रहण इसलिये किया है कि जहाँ व्यवस्था न हो वहाँ इन शब्दों को सर्वनाम संज्ञा न हो। उ०–दक्षिणा गायका:, अर्थात् प्रवीण गाने वाले।

मू०–स्वमज्ञातिधनाख्यायाम्। १/१/३५।।

टी०–ज्ञाति और धन से अन्य अर्थ में स्व शब्द को सर्वनाम संज्ञा विकल्प करके हो जस परे रहते। उ०–स्वे, स्वाः, अर्थात् आप या अपना। ज्ञाति और धन अर्थ में तो एक ही रूप होता है। जैसे। स्वाः, ज्ञाति या अर्थ।

मू०–अन्तरं बहिर्योगोपसंव्यानयोः। १/१/३६।।

टी०–बाहर के प्रदेश से जिसका योग हो उसमें और पहनने के वस्त्र अर्थ में अन्तर शब्द को सर्वनाम संज्ञा विकल्प करके हो जस परे रहते। अन्तरे, वा अन्तराः। यहाँ बाहर के प्रदेश से मुक्त गृह अर्थ में या पहनने के वस्त्र अर्थ में अन्तर शब्द है।

मू०–पूर्वादिभ्यो नवभ्यो वा। ७/१/१६।।

टी०–इन पूर्व आदि नव ९ शब्दों में परे जो ङसि और ङि उनको क्रम से विकल्प करके स्मात् और स्मिन् आदेश हो। पूर्व+ङसि=पूर्वस्मात्, या पूर्वात्। पूर्व+ङि=पूर्वस्मिन्, या पूर्वे। इसी रीति से पर आदि शब्द के रूप जानिये। शेष रूप सर्व शब्द के समान हैं।

मू०–प्रथमचरमतयाल्पार्धकतिपयनेमाश्च। १/१/३३।।

टी०–प्रथम आदि शब्द विकल्प करके सर्वनामसंज्ञक हो जस् परे रहते। प्रथमे, वा प्रथमाः। इन प्रथम आदि शब्दों में तय को प्रत्यय समझना, इसलिये, द्वितये, वा द्वितयाः। शेष रूप राम शब्द के सदृश हैं। नेमे, या नेमाः। शेष रूप सर्व शब्द के सदृश हैं।

मू०–तीयस्य ङित्सु वा।।

टी०–जिस सुप् में ङकार इत् है, अर्थात् ङे, ङसि, ङस्, वा ङि, सो जब परे हो तब तीयप्रत्ययान्त शब्द को विकल्प करके सर्वनाम संज्ञा होती है। द्वितीयस्मै, या द्वितीयाय। ऐसे ही तृतीय शब्द भी जानिये। अब निर्जर शब्द के रूप लिखते हैं। निर्जरः।

मू०–जराया जरसन्यतरस्याम्। ७/२/१०१।।

टी०–अजादि विभक्ति परे रहते जरा शब्द के स्थान में जरस् आदेश विकल्प करके हो। पद और अङ्ग इनके अधिकार में जिसको जो कार्य उक्त है सो तदन्त को भी होता है। इसलिये जरा शब्द को आदेश जो जरस् सो निर्जर शब्द को भी हुआ। जो कोई शङ्का करे कि संपूर्ण निर्जर शब्द को मिटाकर जरस् आदेश होना चाहिये, तो इस शङ्का के निवारण करने के लिये यह नियम करना पड़ा, कि सूत्र में स्थान षष्ठी करके

जो निर्दिष्ट हो उसी के स्थान में आदेश हो, इस सूत्र में जरा शब्द स्थान षष्ठी करके निर्दिष्ट है इस हेतु से निर्जर शब्द का अवयव जो जर उसी को जरस् हुआ। यदि कहो कि निर्जर शब्द में जरा नहीं है किंतु जर है तो जो किंचित् विकार को प्राप्त हो जाता है सो और को तुल्य नहीं होता। जैसे पूछ हीन कुत्ता, कुत्ता ही कहलाता है। निर्जरसौ, निर्जरसः, इत्यादि। अजादि विभक्ति परे रहते विकल्प करके, और हलादि में नित्य, राम शब्द के सदृश जानो। अब विश्वपा शब्द। विश्वपाः, अर्थात् विश्व की रक्षा करने वाला।

मू०–दीर्घाज्जसि च। ६/१/१०५।।

टी०–दीर्घ से परे जो जस् वा इच् रहे तो पूर्वसवर्ण दीर्घ नहीं होता। उ०–विश्वपौ, विश्वपाः। हे विश्वपाः। विश्वपाम्। विश्वपौ।।

मू०–सुडनपुंसकस्य। १/१/४३।।

टी०–सु, औ, जस्, अम्, और औट्, इन पाँच वचनों का नाम सुट् प्रत्याहार है। नपुंसक लिङ्ग को छोड़कर इन पाँच वचनों को सर्वनामस्थान संज्ञा होती है।।

मू०–स्वादिष्वसर्वनामस्थाने। १/४/१७।।

टी०–सर्वनामस्थान को छोड़ सु प्रत्यय से लेकर क प्रत्यय पर्यन्त जितने प्रत्यय अष्टाध्यायी में मिलते हैं उन से जो पूर्व रहे सो पद कहलाता है।।

मू०–यचि भम्। १/४/१८।।

टी०–सर्वनामस्थान के विना सु प्रत्यय से लेकर क प्रत्यय पर्यन्त जितने यकारादि या अजादि प्रत्यय हैं उन से जो पूर्व उसको भ संज्ञा होय। अब यहाँ यह शङ्का हुई कि सर्वनामस्थान को छोड़ अजादि और यकारादि विभक्ति परे रहते पद संज्ञा और भ संज्ञा दोनों प्राप्त हुईं, कौन हो। तब

मू०–आ कडारादेका संज्ञा। १/४/१।।

टी०–अष्टाध्यायी के क्रमानुसार इस सूत्र से लेकर कडाराः कर्मधारये इस सूत्र तक यदि एक को अनेक संज्ञा प्राप्त हों तो उनमें से एक ही होय, परंतु जो संज्ञा पर हो और अनवकाश हो वही हो। जिसकी और कहीं प्राप्ति नहीं सो अनवकाश कहलाता है।

मू०–आतो धातोः। ६/४/१४०।।

टी०–आकारान्त धातु हो अन्त में जिसके ऐसा जो भसंज्ञक अङ्ग उसके अन्त

का लोप हो। जैसे विश्वपा शब्द में आकारान्त धातु जो पा सो है अन्त में जिसके ऐसा जो भसंज्ञक अङ्ग विश्वपा उसके अन्त, अर्थात् आकार, का लोप हुआ इससे विश्वपा+शस्=विश्वप:। विश्वपा+टा=विश्वपा। विश्वपाभ्याम् ३, इत्यादि। ऐसे ही शङ्खध्मा आदि शब्द जानना। धातु क्यों कहा। हाहा + शस् = हाहान्। यहाँ भी लोप हो जाता। अब हरि शब्द के रूप लिखते हैं। उ०–हरि:। हरी।

मू०–जसि च। ७/३/१०९।।

टी०–जस् परे रहते ह्रस्वान्त अङ्ग के स्थान में गुण हो। उ०–हरि+जस्= हरे+ अस्=हरय:।।

मू०–ह्रस्वस्य गुण:। ७/३/१०८।।

टी०–संबुद्धि परे हो तो ह्रस्वान्त अङ्ग को गुण हो। उ०–हे हरे। हरिम्। हरी। हरीन्।।

मू०–शेषो घ्यसखि। १/४/७।।

टी०–सखि शब्द को छोड़कर इकारान्त या उकारान्त जो शब्द उनको घि संज्ञा हो।

मू०–आङो नास्त्रियाम्। ७/३/१२०।।

टी०–घिसंज्ञक से परे जो आङ्, अर्थात् टा, उसके स्थान में ना आदेश हो स्त्रीलिङ्ग को छोड़कर। प्राचीन लोग टा को आङ् कहते हैं। उ०–हरि+टा=हरिणा। हरिभ्याम्३। हरिभि:।।

मू०–घेर्ङिति। ७/३/१११।।

टी०–घिसंज्ञक शब्द को गुण हो ङित् सुप् परे रहते। उ०–हरि+ङे=हरये।

मू०–ङसिङसोश्च। ६/१/११०।

टी०–एङ् से परे यदि ङसि वा ङस् का अकार रहे तो पूर्व का रूप एकादेश हो। उ०–हरे+ङसि, वा हरे+ङस्=हरे: २। हरि+ओस्=हर्यो २। हरि+आम्=हरीणाम्।

मू०–अच्च घे:। ७/३/११९।।

टी०–इकार वा उकार से परे जो ङि उसके स्थान में और हो और घिसंज्ञक को अकार आदेश हो। उ०–हरि+ङि=हरौ। हरिषु। इसी रीति से कवि आदि शब्द जानिये।

मू०–अनङ् सौ। ७/१/९३।।

टी०–सखि रूप अङ्ग को अनङ् आदेश हो संबुद्धि भिन्न सु परे रहते।

मू०–अलोऽन्त्यात् पूर्व उपधा। १/१/६५।।

टी०–अन्त्य अल् से पूर्व जो वर्ण सो उपधासंज्ञक हो।

मू०–सर्वनामस्थाने चासंबुद्धौ। ६/४/८।।

टी०–नकारान्त अङ्ग की उपधा को दीर्घ हो संबुद्धि भिन्न सर्वनामस्थान परे रहते।

मू०–अपृक्त एकाल् प्रत्ययः। १/२/४१।।

टी०–जिस् प्रत्यय में एक ही अल् हो उसको अपृक्त संज्ञा होती है।

मू०–हल्ङ्याब्भ्यो दीर्घात् सुतिस्यपृक्तं हल्। ६/१/६८।।

टी०–हलन्त से परे और दीर्घ जो ङी या आप तदन्त से परे सु, ति, सि, प्रत्यय रूप जो अपृक्त हल् उनका लोप हो।

मू०–न लोपः प्रातिपदिकान्तस्य। ८/२/७।।

टी०–प्रातिपदिकसंज्ञक जो पद उसका अन्त जो नकार उसका लोप हो। यथा। सखि+सु ऐसा है तब पद संज्ञा हुई। फिर अनङ आदेश हुआ। तब सु का लोप हुआ। तब दीर्घ हुआ। तब इस सूत्र से नकार का लोप हुआ तो सखा सिद्ध हुआ।

मू०–सख्युरसंबुद्धौ। ७/१/९२।।

टी०–सखि रूप अङ्ग से परे जो संबुद्धि भिन्न सर्वनामस्थान सो णित् के तुल्य हो, अर्थात् इत्संज्ञक णकार वाले को मानकर जो कार्य होता हो सो इसको भी मानकर हो।

मू०–अचो ञ्णिति। ७/२/११५।।

टी०–जिसका ञकार या णकार इत्संज्ञक हो सो परे रहते अजन्त अङ्ग को वृद्धि हो। उ०–सखि+औ=सखायौ। सखायः। हे सखे। सखायम्। सखायौ। सखीन्। सख्या। सख्ये।

मू०–ख्यत्यात् परस्य। ६/१/११२।।

टी०–जिनको यणादेश किया गया हो ऐसे जो खि, ति, या खी, ती, तिन से परे जो ङसि वा ङस् का अकार उसको उकार होय। उ०। सखि+ङसिव वा ङस् सख्य्

अस्=सख्युः २। दीर्घान्त जो खी और ती शब्द सो क्यच् प्रत्ययान्त सुख और सुत आदि शब्दों में मिलेंगे। इस सूत्र में जो ख्य और त्य दो शब्द हैं सो खि खी और ति ती ह्रस्वान्त और दीर्घान्त दोनों के बुझाने के लिये यणादेश करके दिखलाये गये हैं।

मू०—औत्। ७/३/११८।।

टी०—इकार से परे जो ङि तिसके स्थान में औ हो। उ०—सख्यौ। शेष रूप हरि शब्द के तुल्य होते हैं।

मू०—पतिः समास एव। १/४/८।।

टी०—समास ही में पति शब्द घिसंज्ञक हो। उ०—पति+ङसि वा ङस्=पत्युः २। पति+ङि=पत्यौ। शेष रूप हरि शब्द के सदृश जानना। समास में तो भूपतये ऐसा होता है। अब कति शब्द के रूप लिखते हैं। यह शब्द बहुवचनान्त ही है।

मू०—बहुगणवतुडति संख्या। १/१/२३।।

टी०—बहु शब्द और गण शब्द और जिनके अन्त में वतु वा डति प्रत्यय हो ये सब संख्यासंज्ञक होते हैं। कति शब्द डतिप्रत्ययान्त है।

मू०—डति च। १/१/२५।।

टी०—जो डत्यन्त संख्या सो षट्संज्ञक हो। इस से कति शब्द को षट् संज्ञा हुई।।

मू०—षड्भ्यो लुक्। ७/१/२२।।

टी०—षट्संज्ञक से परे जो जस् और शस् तिनका लुक् हो।

मू०—प्रत्ययस्य लुक्श्लुलुपः। १/१/६१।।

टी०—लुक् श्लु और लुप् शब्दों करके प्रत्यय का जो अदर्शन उसको क्रम से लुक् श्लु और लुप् संज्ञा हो।

मू० १७०—प्रत्ययलोपे प्रत्ययलक्षणम्। १/१/६२।।

टी०—जिस प्रत्यय के रहते जो कार्य होता हो सो उसके लोप होने पर भी हो। तो जस् को मारकर जो गुण होता है सो प्राप्त हुआ। तब

मू०—न लुमताङ्गस्य। १/१/६३।।

टी०—लु शब्द है जिस में सो लुमत् कहलाता है तिस करके, अर्थात् लुक् श्लु और लुप् शब्दों करके, जहाँ प्रत्य लुप्त हुआ हो तहाँ लुप्त प्रत्यय को मानकर जो अङ्ग कार्य होता है सो न हो। इसी से, अङ्ग कार्य जो गुण है सो न हुआ। उ०—कति २।

कतिभिः कतिभ्यः २। कतीनाम्। कतिषु। युष्मद् अस्मद् और षट्संज्ञक के रूप तीनों लिङ्गों में समान जानिये। त्रि शब्द सर्वदा बहुवचनान्त है। त्रयः। त्रीन्। त्रिभिः। त्रिभ्यः २।।

मू०—त्रेस्त्रयः। ७/१/५३।।

टी०—त्रि शब्द के स्थान में त्रय आदेश हो आम् परे रहते। उ०—त्रि+आम्= त्रयाणाम्। त्रिषु।।

मू०—त्यदादीनामः। ७/२/१०२।।

टी०—विभक्ति हो तो त्यद् आदि को अकार आदेश हो। महाभाष्य कार को यह इष्ट है कि द्वि शब्द ही पर्यन्त त्यदादि गण कहलावे। द्वि+औ=द्वौ–द्वौ। द्वाभ्याम् ३। द्वयोः २। जो लोक की रक्षा करे उसे पपी कहते हैं, यह सूर्य का नाम है। पपी+औ=पप्यौ २। पप्यः। हे पपीः। पपीम्। पपीन्। पप्या। पपीभ्याम् ३। पपीभिः। पप्ये। पपीभ्यः २। पप्यः २। पप्योः २। दीर्घ है इसलिये नुट् न हुआ। पप्याम्। पपी+ङि=पपी। पपीषु। इसी रीति से वातप्रमी आदि शब्दों के रूप होते हैं।।

मू०—अचि श्नुधातुभ्रुवां य्वोरियङुवङौ। ६/४/७७।।

टी०—अजादि प्रत्यय परे हो तो जिस अङ्ग के अन्त में श्नु प्रत्यय हो अथवा इवर्णान्त वा उवर्णान्त जो धातु उसको और भ्रू जो अङ्ग उसको इयङ् उवङ् आदेश हो।

मू०—एरनेकाचोऽसंयोगपूर्वस्य। ६/४/८२।।

टी०—धातु का अवयव जो संयोग सो जिस इवर्ण के पूर्व न हो ऐसा इवर्ण जिस धातु के अन्त में हो तदन्त अनेकाच् अङ्ग को यण् आदेश होता है अजादि प्रत्यय परे रहते। उ०—प्रध्यौ। प्रध्यः। प्रध्यम्। प्रध्यौ। प्रध्यः। प्रध्यि। शेष रूप पपी शब्द के तुल्य हैं। इसी रीति से ग्रामणीः, अर्थात् ग्राम का सरदार।

मू०—ङेराम् नद्याम्नीभ्यः। ७/३/११६।।

टी०—नद्यन्त आबन्त या नी शब्द से परे जो ङि उसको आम् हो। उ०— ग्रामणी+ङि=ग्रामण्याम्।।

मू०—गतिश्च। १/४/६०।।

टी०—प्र आदि जो उपसर्ग जो क्रिया के योग में गतिसंज्ञक हो। भाष्यकार की इच्छा है कि गति या कारक से अन्य है पूर्व पद जिस अङ्ग का उसको यण् न हो।

शुद्धधी शब्द से धी शब्द से पूर्व जो शुद्ध शब्द है सो तो न गतिसंज्ञक है न कारकसंज्ञक है, इसी से यहाँ यण् न हुआ। उ०–शुद्धधी+आ=शुद्धधियो :।।

मू०–न भूसुधियोः। ६/४/८५।।

टी०–अजादि सुप् परे रहते भू और सुधी शब्द को यण् न हो। उ०–सुधियौ। सुधियः, इत्यादि। सुख चाहने वाले को सुखी और सुत की इच्छा वाले को सुती कहते हैं। सुखी+ङसि वा ङस्=सुख्युः २। सुत्युः २। शेष रूप प्रधी शब्द के सदृश हैं। शंभु शब्द हरि शब्द के तुल्य है। वैसे ही भानु आदि शब्द जानना।

मू०–तृज्वत् क्रोष्टुः। ७/१/९५।।

टी०–संबुद्धि भिन्न सर्वनामस्थान परे रहते क्रोष्टु शब्द तृजन्त शब्द के समान हो, अर्थात् क्रोष्टु शब्द के स्थान में क्रोष्टृ होता है।

मू०–ऋतो ङिसर्वनामस्थानयोः। ७/३/११०।।

टी०–ङि और सर्वनामस्थान परे रहते ऋकारान्त अङ्ग के स्थान में गुण हो। यह प्राप्त हुआ। तब

मू०–ऋदुशनस्पुरुदंसोऽनेहसां च। ७/१/९४।।

टी०–ऋकारान्त शब्द, उशनस्, पुरुदंसस्, और अनेहस्, इन्हों के अनङ् आदेश हो संबुद्धि से भिन्न सु परे रहते।

मू०–अप्तृन्तृच्स्वसृनप्तृनेष्टृत्वष्टृक्षत्तृहोतृपोतृप्रशास्तृणाम्।६/४/११।

टी०–अप् शब्द और तृन्प्रत्ययान्त या तृच्प्रत्ययान्त और स्वस, नप्तृ, नेष्टृ, त्वष्टृ, क्षत्तृ, होतृ, पोतृ, प्रशास्तृ, इन्हों की उपधा को दीर्घ हो यदि संबुद्धि से भिन्न सर्वनामस्थान परे रहे। उ०–क्रोष्टु+सु, फिर क्रोष्टृ+स् फिर क्रोष्टन्+स्, तब, क्रोष्टान्, तब क्रोष्टा। क्रोष्टर्+औ, तब क्रोष्टार्+औ=क्रोष्टारौ। क्रोष्टारः। क्रोष्टु+शस्=क्रोष्टून्।

मू०–विभाषा तृतीयादिष्वचि। ७/१/९७।।

टी०–तृतीया आदि अजादि विभक्ति परे हो तो क्रोष्टु शब्द विकल्प करके तृजन्त के सदृश हो। क्रोष्टु+टा=क्रोष्टृ+आ=क्रोष्ट्रा, वा क्रोष्टुना। क्रोष्ट्रे।

मू०–ऋत उत्। ६/१/१११।।

टी०–ऋदन्त से परे यदि ङसि या ङस् का अकार हो तो पूर्व और पर के स्थान में उकार, अर्थात् रपर, उर्, एकादेश होय। उ०–क्रोष्टुर्+स्। फिर

मू०–रात् सस्य। ८/२/२४।

टी०–रेफ से परे संयोग के अन्त में जो सकार उसका लोप हो और अन्य का न हो। इस से क्रोष्टुर्, फिर क्रोष्टुः। क्रोष्टृ+ओस्=क्रोष्ट्रोः।

मू०–नुमचिरतृज्वद्भावेभ्यो नुट् पूर्वविप्रतिषेधेन।।

टी०–वार्तिककार की आज्ञा है कि जो आम् परे हो तो, नुम्, अचि परे रहते र आदेश, और तृज्वद्भाव इन तीनों को बाध करके नुट् की आगम होय। उ०–क्रोष्टूनाम्। क्रोष्टरि। पक्ष में और हलादि सुप् परे रहते इसके रूप शंभु शब्द के सदृश हैं।

मू०–ऋवर्णान्नस्य णत्वं वाच्यम्।।

टी०–इस वार्तिक का यह अर्थ है कि ऋवर्ण से परे जो नकार उसको णकार हो। धातॄणाम्। ऐसे भी नप्तृ आदि हैं। शङ्का नप्त्रादि ग्रहण क्यों किया, क्योंकि इन शब्दों का पाठ उणादि में है और उणादि शब्दों को तृनन्त और तृजन्त मानकर दीर्घ हो सकता ही है फिर जो यहाँ इनको लिखा इसका क्या फल है। समाधान। इस नियम के लिये इनका ग्रहण किया है कि व्युत्पत्ति पक्ष में जो उणादिसिद्ध तृनन्त तृजन्त को दीर्घ हो तो केवल नप्त्रादिकों को हो दूसरों को नहीं। इसी से जो उणादि शब्द तृन् या तृच् प्रत्ययों से सिद्ध होते हैं, जैसा पितृ शब्द, उनको दीर्घ आदेश नहीं होता। पिता। पितरौ। पितरः। पितरम्। शेष धातृ शब्द के सदृश हैं। ऐसे ही जामातृ आदि जानना। अब नृ शब्द। ना। नरौ।

मू०–नृ च। ६/४/६।।

टी०–नाम् परे रहते नृ शब्द को विकल्प करके दीर्घ हो। उ०–नृणाम्, या नृणाम्।

मू०–गोतो णित्। ७/१/९०।।

टी०–गो शब्द के सदृश ओकारान्त शब्द से परे जो सर्वनामस्थान सो णित् के सदृश हो। उ०। गौः। गावौ। गावः।

मू०–औतोऽम्शसोः। ६/१/९३।।

टी०–ओकारान्त शब्द से परे जो अम् या शस् प्रत्यय का अच् रहे तो आकार एकादेश हो। उ०–गो+अम्=गाम्। गावौ। गो+अस्=गाः। गो+टा=गवा। गवे। गो+ङसि वा ङस्=गोः २, इत्यादि।।

मू०–रायो हलि। ७/२/८५।।

टी०–हलादि विभक्ति परे रहते रै शब्द को आकार आदेश हो। उ०–रै+सु=राः। रै+औ=रायौ २। रायः। राभ्याम्, इत्यादि। ग्लौः ग्लावौ। ग्लावः। ग्लौभ्याम्, इत्यादि।

।। इत्यजन्ताः पुल्लिङ्गाः ।।

अजन्त स्त्रीलिङ्ग

मू०–अजाद्यतष्टाप्। ४/१/४।।

टी०–अजादि अकारान्त से परे टाप् हो जब स्त्रीत्व का बोधन करना हो। उ०–अजा।

मू०–औङ आपः। ७/१/१८।।

टी०–आबन्त अङ्ग से परे जो औङ् उसके स्थान में शी हो। औ, औट् इन दोनों विभक्तियों का औङ् नाम है। उ०–अजा+औ=अजे।

मू०–संबुद्धो च। ७/३/१०६।।

टी०–आप् के स्थान में एकार होता है यदि संबुद्धि परे रहे। उ०–हे अजे। हे अजे। हे अजाः। अजाम्। अजे। अजाः।

मू०–आङि चापः। ७/३/१०५।।

टी०–आप् के स्थान में एकार होवे यदि आङ् वा ओस् परे हो। उ०–अजया। अजाभ्याम् ३। अजाभिः।

मू०–याडापः। ७/३/११३।।

टी०–आप् से परे जो ङित् सुप् उनको याट् आगम हो। उ०–अजा+ङे, फिर अजा+याट्+ए=अजायै। अजाभ्यः २। अजा+ङसि, या ङस्, फिर अजा+याट्+अस्=अजायाः २। अजयोः २। अजानम्। अजायाम्। अजासु। इसी रीति से दुर्गा, अम्बिका, आदि जानना।

मू०–सर्वनाम्नः स्याड्ढ्रस्वश्च। ७/३/११४।।

टी०–आबन्त सर्वनाम से परे जो ङित् सुप् उसको स्याट् आगम हो और आप् को ह्रस्व हो। उ०–सर्वा+ङे=सर्वस्यै। सर्वस्याः २। सर्वासाम्। सर्वस्याम्। शेष रूप अजा शब्द के सदृश हैं। इसी प्रकार से आबन्त विश्वा, आदि।

मू०–अम्बार्थनद्योर्ह्रस्वः। ७/३/१०७।।

टी०–संबुद्धि परे रहते अम्बार्थक और नद्यन्त को ह्रस्व आदेश होता है। उ०–हे अम्ब। हे अक्क। हे अल्ल। जरा। जरसौ। जरसः, इत्यादि। पक्ष में अजा शब्द के सदृश जानना। गोपा शब्द विश्वपा शब्द के सदृश है। मतिः। मतीः। मत्या।

मू०–ङिति ह्रस्वश्च। १/४/६।।

टी०–स्त्री शब्द को छोड़कर जिस नित्य स्त्रीलिङ्ग ईकारान्त वा ऊकारान्त को क्रम से इयङ्, उवङ्, आदेश प्राप्त होते हों और स्त्रीवाचक जो ह्रस्व इवर्णान्त या उवर्णान्त हों सो विकल्प करके नदीसंज्ञक होते हैं यदि ङित् सुप् परे रहे।

मू०–आण्नद्याः। ७/३/११२।।

टी०–नद्यन्त शब्दों से परे जो ङित् प्रत्यय, उसको आट् आगम हो।

मू०–आटश्च। ६/१/९०।।

टी०–यदि आट् से परे अच् रहे तो वृद्धि एकादेश होती है। उ०–मत्यै, या मतये। मत्याः २, या मतेः २।।

मू०–इदुद्भ्याम्। ७/३/११७।।

टी०–इकारान्त उकारान्त नदीसंज्ञक से परे जो ङि उसको आम् आदेश होता है। उ०। मत्याम्। पक्ष में मतौ। शेष रूप हरि शब्द के सदृश हैं। ऐसे ही बुद्धि, आदि।

मू०–त्रिचतुरोः स्त्रियां तिसृचतसृ। ७/२/९९।।

टी०–त्रि शब्द और चतुर् शब्द जो स्त्रीलिङ्ग हों तो उनके स्थान में क्रम से तिसृ, चतसृ, आदेश हों विभक्ति परे रहते।

मू०–अचि र ऋतः। ७/२/१००।।

टी०–तिसृ चतसृ शब्दों के ऋकार को रेफ आदेश हो अजादि विभक्ति परे रहते। यह विधि गुण, दीर्घ और उकार, का अपवाद है। उ०–तिस्रः २। तिसृभिः। तिसृभ्यः २। आम् परे रहते नुट् आगम हुआ, तब दीर्घ पाया। तब

मू०–न तिसृचतसृ। ६/४/४।।

टी०–नाम् परे रहते तिसृ, चतसृ, शब्दों को दीर्घ आदेश नहीं होता। उ०–तिसृणाम्। तिसृषु। द्वे २। द्वाभ्याम् ३। द्वयोः २।

मू०–षिद्गौरादिभ्यश्च। ४/१/४१।।

टी०–षित्प्रत्ययान्त से और गौर आदि शब्दों से परे ङीष् प्रत्यय होता है।

मू०—यस्येति च। ६/४/१४८।।

टी०—यदि ईकार या तद्धित प्रत्यय परे रहे तो भसंज्ञक शब्द के इवर्ण, उवर्ण, का लोप होता है। उ०—गौरी। गौर्यौ। गौर्यः। हे गौरि। गौरीम्। गौर्यौ। गौरीः। गौर्या। गौरीभ्याम् ३। गौरीभिः। गौर्यै। गौर्याः २। गौर्योः २। गौरीणाम्। गौर्याम्। गौरीषु, इत्यादि। ऐसे ही नदी आदि शब्दों के रूप जानना। स्त्री। हे स्त्रि।

मू०—स्त्रियाः ६/४/७९।।

टी०—स्त्री शब्द को इयङ् आदेश हो अजादि प्रत्यय परे रहते। स्त्रियौ। स्त्रियः।।

मू०—वाम्शसोः। ६/४/८०।।

टी०—अम् वा शस् परे रहते स्त्री शब्द को इयङ् आदेश विकल्प करके हो। उ०—स्त्रियम्, या स्त्रीम्। स्त्रियः, या स्त्रीः। स्त्रिया। स्त्रियै। स्त्रियाः २। स्त्रीणाम्। स्त्रीषु। श्रीः। श्रियौ। श्रियः।

मू०—नेयङुवङ्स्थानावस्त्री। १/४/४।।

टी०—जिस ईकारान्त या ऊकारान्त को इयङ्, उवङ्, आदेश होते हों सो नदीसंज्ञक नहीं होते स्त्री शब्द को छोड़कर। इसीलिये ह्रस्व नहीं हुआ। उ०—हे श्रीः। श्रियै, वा श्रिये। श्रियाः २, वा श्रियः २।।

मू०—वामि। १/४/५।।

टी०—जिन स्त्रीवाचक ईकारान्त या ऊकारान्त शब्दों को इयङ्, उवङ्, आदेश होते हैं सो आम् परे रहते विकल्प करके नदीसंज्ञक हो परन्तु स्त्री शब्द में यह विकल्प विधि न लगे। उ०—श्रीणाम्, या श्रियाम्। श्रियि, या श्रियाम्। धेनु शब्द मति शब्द के सदृश है।

मू०—स्त्रियां च। ७/१/९६।।

टी०—स्त्रीवाचक क्रोष्टु शब्द का रूप तृच्प्रत्ययान्त के सदृश होता है।

मू०—ऋन्नेभ्यो ङीप्। ४/१/५।।

टी०—ऋकारान्त और नकारान्त शब्दों से परे स्त्रीलिङ्ग द्योत्य रहते ङीप् प्रत्यय होय। उ०। क्रोष्टृ+ङीप्=क्रोष्ट्री, यह गौरी शब्द के सदृश है। भ्रू शब्द श्री शब्द के सदृश है। स्वयंभू शब्द पुल्लिङ्ग स्वभू शब्द के सदृश है।

मू०—न षट्स्वस्रादिभ्यः। ४/१/१०।।

टी०–षट्संज्ञक और स्वसृ आदि शब्दों से परे ङीप् और टाप् न हों। स्वसृ, तिसृ, चतसृ, ननान्दृ, दुहितृ, यातृ, और मातृ, ये सात शब्द स्वसृ आदि जानिये। उ०–स्वसृ+सु=स्वसा। स्वसारौ। मातृ शब्द पितृ शब्द के सदृश है। परंतु शस् परे रहते मातृः। द्यो शब्द गो शब्द के सदृश है। रै शब्द पुल्लिङ्ग रै शब्द के सदृश है। नौ शब्द ग्लौ शब्द के सदृश है।

।। इत्यजन्ताः स्त्रीलिङ्गाः ।।

अजन्त नपुंसकलिङ्ग

मू०–अतोऽम्। ७/१/२४।।

टी०–अकारान्त क्लीब, अर्थात् नपुंसक, अष्ट से परे जो सु या अम् रहे तो उसके स्थान में अम् हो। उ०–ज्ञान+सु वा अम्=ज्ञानम्। हे ज्ञान।

मू०–नपुंसकाच्च। ७/१/१९।।

टी०–क्लीब अङ्ग से परे जो औङ् उसके स्थान में शी हो। इस प्रत्यय के होने पर ज्ञान शब्द को भ संज्ञा हुई। तब

यस्येति च इस सूत्र से अकार का लोप प्राप्त हुआ। तब

मू०–औङः श्यां प्रतिषेधः।।

टी०–यदि औङ् के स्थान में शी आदेश हुआ हो तो पूर्व विधि का प्रतिषेध होता है। इसलिये यहाँ अकार का लोप नहीं हुआ। उ०। ज्ञान+ई=ज्ञाने।।

मू०–जश्शसोः शिः। ७/१/२०।।

टी०–क्लीब अङ्ग से परे जो जस् या शस् उसके स्थान में शि होता है।

मू०–शि सर्वनामस्थानम्। १/१/४२।।

टी०–शि को सर्वनामस्थान संज्ञा हो।

मू०–नपुंसकस्य झलचः। ७/१/७२।।

टी०–झलन्त और अजन्त क्लीब अङ्ग को नुम् आगम हो यदि सर्वनामस्थान परे रहे।

मू०–मिदचोऽन्त्यात् परः। १/१/४७।।

टी०–जिस आगम का मकार इत्संज्ञक हो सो आगम जिसको विधान किया

जाय उसके स्वरों में से जो अन्त्य स्वर उससे परे हो और जिसको विहित हो उसी का अन्त अवयव हो। उ०–ज्ञान शब्द के स्वरों में जो अन्त्य अकार है उसी से परे नुम् आगम हुआ, और नुम् का नकार ज्ञान शब्द का अन्त अवयव हो गया, इसी से उपधा के स्थान में दीर्घ हुआ, इस रीति से ज्ञान+जस् या शस्=ज्ञानानि। शेष रूप पुल्लिङ्ग के सदृश हैं। इसी प्रकार से धन, वन, फल, आदि शब्द जानना।

मू०–ह्रस्वो नपुंसके प्रातिपदिकस्य। १/२/४७।।

टी०–प्रातिपदिक के अन्त को ह्रस्व आदेश हो क्लीब में। उ०–श्रीपा+सु=श्रीषम्। यह ज्ञान शब्द के सदृश है।

मू०–स्वमोर्नपुंसकात्। ७/१/२३।।

टी०–क्लीब से परे जो सु या अम् तिसका लुक् हो। उ०। वारि+सु=वारि।

मू०–इकोऽचि। विभक्तौ। ७/१/७३।।

टी०–जिसके अन्त में इक् हो उस क्लीब शब्द को अजादि विभक्ति परे रहते नुम् आगम हो। उ०–वारि+औ=वारिणी। वारि+जस् वा शस्=वारीणि। न लुमताङ्गस्य सह सूत्र नित्य नहीं है इससे पक्ष में संबुद्धिनिमित्तक कार्य होगा, इसलिये हे वारि, या हे वारे। घेर्ङिति इस सूत्र से गुण प्राप्त हुआ। तब

मू०–वृद्ध्यौत्वतृज्वद्भावगुणेभ्यो नुम् पूर्वविप्रतिषेधेन।।

टी०–जिस सूत्रों से वृद्धि, औत्व, तृज्वद्भाव, और गुण, प्राप्त होते हैं उनको बाध कर नुम् होय। उ०–वारिणे। वारिण: २। वारिणो: २। आम् परे रहते नुट् होता है, इसलिये वारीणाम्। वारि+ङि=वारिणि। हलापदि विभक्ति परे रहते यह शब्द हरि शब्द के सदृश है।

मू०–अस्थिदधिसक्थ्यक्ष्णामनङुदात्त:। ७/१/७५।।

टी०–अस्थि, दधि, सक्थि, और अक्षि, इन शब्दों को उदात्त अनङ् आदेश हो टा आदि विभक्ति परे रहते।

मू०–अल्लोपोऽन:। ६/४/१३४।।

टी०–जो अन् अङ्ग का अवयव हो और जिस से सर्वनामस्थान को छोड़ कर यकारादि या अजादि सु आदि प्रत्यय परे रहें उसके अकार का लोप होता है। उ०। दध्ना। दध्ने। दध्न: २। दध्नो: २।

मू०–विभाषा ङिश्यो:। ६/४/१३६।।

टी०–जो अन् अङ्ग का अवयव हो उस से परे ङि या शी हो तो उसके अकार का लोप विकल्प करके हो। उ०–दध्नि, या दधनि। शेष रूप वारि शब्द के सदृश हैं। ऐसे ही अस्थि, सक्थि, और अक्षि। सुधि। सुधिनी सुधीनि। हे सुधे, हे सुधि। सुधिना, इत्यादि। मधु। मधुनी। मधूनि। हे मधो, या हे मधु। सुलु। सुलुनी। सुलूनी। सुलुना, इत्यादि। धातृ। धातृणी। धातृणि। धातृणाम्। हे धातः। ऐसे ही ज्ञातृ, आदि।

मू०–एच इग्घ्रस्वादेशे। १/१/४८।।

टी०–जब एच् को ह्रस्व आदेश विधान करें तब उसको ह्रस्व इक् ही हो, अर्थात् एकार, ऐकार, को इ हो, और ओ, औ, को उकार हो। उ०–द्यो शब्द से प्रद्यु। प्रद्युनी। प्रद्यूनि। प्रद्युना, इत्यादि। प्रपूर्वक रै शब्द से परि। प्ररिणी। प्ररीणि। प्ररिणा किंचित् विकार से कोई वस्तु दूसरी नहीं हो जाती इसलिये जैसे पुल्लिङ्ग में राभ्याम्, होता है वैसे ही क्लीब में प्रराभ्याम्, हुआ। प्ररीणाम्, इत्यादि।

।। इत्यजन्ता नपुंसकलिङ्गाः।।

हलन्त पुल्लिङ्ग

मू०–हो ढः। ८/२/३१।।

टी०–झल् परे रहते या पदान्त में जो हकार उसको ढकार हो। उ०–लिह+सु=लिड्, या लिट्। लिहौ। लिहः। लिड्भ्याम्। लिट्सु, या लिट्त्सु।

मू०–दादेर्धातोर्घः। ८/२/३२।।

टी०–उपदेश में जो दकारादि धातु उसके हकार को घकार हो झल् परे रहते या पदान्त में।

मू०–एकाचो बशो भष् झषन्तस्य स्ध्वोः। ८/२/३७।।

टी०–धातु का अवयव जो एकाच् झषन्त उसका अवयव जो बश् उसके स्थान में भष् होवे जो सकार या ध्व शब्द परे रहे अथवा पदान्त में। उ०–दुह+सु=धुक्, या धुग्। दुहौ। दुहः। धुग्भ्याम्। धुक्षु।

मू०–वा द्रुहमुहष्णुहष्णिहाम्। ८/२/३३।।

टी०–झल् परे रहते या पदान्त में द्रुह, मुह, ष्णुह, ष्णिह, इन धातुओं के हकार को विकल्प करके घकार होता है। उ०–द्रुह+सु=ध्रुक्, या ध्रुग्, पक्ष में ध्रुट्, या ध्रुड्। द्रुहौ। द्रुहः। ध्रुग्भ्याम्, वा ध्रुड्भ्याम्। ध्रुक्षु, वा ध्रुट्सु, वा ध्रुट्त्सु। इसी रीति से मुह् आदि शब्द भी जानना।

मू०—धात्वादेः षः सः। ६/१/६४।।

टी०—धातु के आदि में जो षकार उसके स्थान में सकार होता है। इस सूत्र से षकार के स्थान में दन्त्य सकार होता है। स्नुट्, स्नुड्। स्नुक्, वा स्नुग्। इसी रीति से स्निह् आदि जानना।

मू०—इग्यणः संप्रसारणम्। १/१/४५।।

टी०—यण् के स्थान में जो इक् सो संप्रसारण कहा जाए।

मू०—वाह ऊठ्। ६/४/१३२।।

टी०—भसंज्ञक वाह् शब्द को संप्रसारण ऊठ् हो।

मू०—संप्रसारणाच्च। ६/१/१०८।।

टी०—संप्रसारण से परे जो अच् रहे तो दोनों के स्थान में पूर्व का रूप हो। उ०—विश्ववाह्+शस्=विश्व+ऊह्+अस्। तब

मू०—एत्येधत्यूठ्सु। ६/१/८९।।

टी०—अकारान्त से एजादि इण् धातु, एध धातु, वा ऊठ् परे हो तो पूर्व और पर के स्थान में वृद्धि एकादेश हो। उ०—विश्वौहः, इत्यादि।।

मू०—चतुरनडुहोरामुदात्तः। ७/१/९८।।

टी०—सर्वनामस्थान परे रहते चतुर् और अनडुह् शब्द को उदात्त आम् आगम हो।

मू०—सावनडुहः। ७/१/८२।।

टी०—सु परे रहते अनडुह् शब्द को नुम आगम हो। अनड्वा+न्ह्+ सु=अनड्वान्।

मू०—अम् संबुद्धौ। ७/१/९९।।

टी०—संबुद्धि परे हो तो अनडुह् शब्द को अम् आगम हो। उ०—हे अनड्वन्। अनड्वाहौ २। अनडुहः।।

मू०—वसुस्त्रंसुध्वंस्वनडुहां दः। ८/२/७२।।

टी०—सकारान्त जो वसुप्रत्ययान्त उसे और स्त्रंसु, ध्वंसु, और अनडुह् शब्द को दकार आदेश हो पदान्त विषे। अनडुद्भ्याम्, इत्यादि। सकारान्त क्यों कहा। विद्वान्, यहाँ दकार नहीं होता। पदान्त क्यों कहा। स्रस्तम्। ध्वस्तम्। सकार यहाँ पदान्त नहीं है।

मू०–सहेः साडः सः। ८/३/५६।।

टी०–साड् रूप जो सह धातु उसके सकार को षकार हो। उ०–तुराषाड्। तुराषाट्। तुरासाहौ। तुरासाहः। तुराषाड्भ्याम्, इत्यादि।

मू०–दिव औत्। ७/१/८४।।

टी०–सु परे रहते प्रातिपदिक दिव् शब्द को औकार आदेश हो। उ०–सुदिव्+सु=सुद्यौः। सुदिवौ।

मू०–दिव उत्। ६/१/१३१।।

टी०–पदान्त में जो दिव् शब्द तिसको उकार आदेश होता है। उ०–सुदिव्+भ्याम्=सुद्युभ्याम्, इत्यादि। चत्वारः। चतुरः। चतुर्भिः। चतुर्भ्यः २।

मू०–षट्चतुर्भ्यश्च। ७/१/५५।।

टी०–षट्संज्ञक और चतुर् शब्द से परे जो आम् उसको नुट् आगम हो।

मू०–रषाभ्यां नो णः समानपदे। ८/४/१।।

टी०–समान पद, अर्थात् एक पद में रेफ या षकार से परे जो नकार तिसके स्थान में णकार होवे। उ०। चतुर्णाम्।।

मू०–रोः सुपि। ८/३/१६।।

टी०–सप्तमी का बहुवचन जो सुप् सो परे रहते रु ही के रेफ के स्थान में विसर्ग होता है अन्य रेफ के स्थान में नहीं होता। उ०–चतुर्+सुप्। तब सकार के स्थान में षकार हुआ तो चतुर्+षु=चतुर्षु।

मू०–मो नो धातोः। ८/२/६४।।

टी०–पद के अन्त में जो धातु का अवयव मकार उसके स्थान में नकार हो। उ०–प्रशाम्+सु=प्रशान्। प्रशामौ। प्रशामः। प्रशान्भ्याम्, इत्यादि।

मू०–किमः कः। ७/२/१०३।।

टी०–किम् शब्द के, स्थान में क आदेश होता है विभक्ति परे रहते। उ०–किम्+सु=कः। कौ। के, इत्यादि। शेष रूप सर्व शब्द के समान हैं।

मू०–इदमो मः। ७/२/१०८।।

टी०–सु परे रहते इदम् शब्द के मकार के स्थान में मकार ही होगा। यह सूत्र, त्यदादीनामः इस सूत्र का अपवाद है। फिर

मू० – इदोऽय् पुंसि। ७/२/१११।।

टी० – पुल्लिङ्ग में जो इदम् शब्द उसके इद् के स्थान में अय् आदेश होगा सु परे रहते। उ०। अयम्। इदम्+औ। यहाँ त्यदादीनामः इस सूत्र से अकार हुआ। तब इद+अ+औ। फिर

मू० – अतो गुणे। ६/१/९७।।

टी० – अपदान्त ह्रस्व अकार में परे जो गुणसंज्ञक वर्ण रहे तो दोनों के स्थान में पररूप होगा। तब इद+औ।।

मू० – दश्च। ७/२/१०९।।

टी० – विभक्ति परे रहते इदम् शब्द के दकार के स्थान में मकार होता है। इम+औ=इमौ। इमे। त्यदादि शब्दों का यह स्वभाव है कि वे संबोधन में नहीं होते।

मू० – अनाप्यकः। ७/२/११२।।

टी० – ककार रहित जो इदम् शब्द जिसके इद् के स्थान में अन् होगा आप् प्रत्याहारगत विभक्ति परे रहते। टा के आ से ले सुप् के पकार-पर्यन्त आप् प्रत्याहार जानना। उ०। इदम्+टा=अनेन।।

मू० – हलि लोपः। ७/२/११३।।

टी० – ककार रहित जो इदम् शब्द जिसके इद् भाग का लोप हो हलादि आप् प्रत्याहार परे रहते। यहाँ अलोऽन्त्यस्य से इद् के अन्त्य दकार का लोप प्राप्त हुआ, यह विधि अभ्यास विकार जो आगे आवेगा उसे छोड़कर अनर्थक में नहीं लगती और यहाँ इद् अनर्थक ही है इसी हेतु से अन्त्य दकार का लोप नहीं हुआ किंतु संपूर्ण इद् ही का लोप हुआ और अन्त्य अकार शेष रहा, तब, सुपि च इस सूत्र करके दीर्घ हुआ। उ०-आभ्याम्।

मू० – नेदमदसोरकोः। ७/१/११।।

टी० – ककाररहित जो इदम् या अदस् शब्द तिस से परे जो भिस् तिसको ऐस् आदेश न होवे। उ०-इदम्+भिस्=एभिः। अस्मै। एभ्यः २। अस्मात्। अस्य अनयोः २। एषाम्। अस्मिन्। एषु।। जब राजन् शब्द का रूप लिखते हैं राजन्+सु=राजा।

मू० – न ङिसंबुद्ध्योः। ८/२/८।।

टी० – ङि वा संबुद्धि परे रहते नकार का लोप नहीं होता। उ०-हे राजन्। राजानौ २। राजानः। राज्ञः। राजभ्याम् ३, इत्यादि। यज्वन् शब्द से यज्वा। यज्वानौ। यज्वानः।।

मू०–न संयोगाद्वमन्तात्। ६/४/१३७।।

टी०–वकारान्त या मकारान्त संयोग से परे जो अन् उसके अकार का लोप नहीं होता। उ०–यज्वन्+शस्=यज्वनः। यज्वभ्याम् ३। ब्रह्मन् से ब्रह्मणः। ब्रह्मणा।

मू०–इन्हन्पूषार्यम्णां शौ। ६/४/१२।।

टी०–इन्, हन्, पूषन्, और अर्यमन्, शब्दों की उपधा को दीर्घ होगा केवल शि परे रहते अन्यत्र नहीं। इस से दीर्घ का निषेध प्राप्त हुआ। फिर

मू०–सौ च। ६/४/१३।।

टी०–असंबुद्धि सु परे रहते इन् आदि की उपधा को दीर्घ हो। उ०–वृत्रहन्+सु=वृत्रहा। हे वृत्रहन्।

मू०–एकाजुत्तरपदे णः। ८/४/१२।।

टी०–जिस समास के पूर्व पद में रेफ वा षकार रहे उस समास के एकाच् उत्तर पद में प्रातिपदिकान्त या नुम् या विभक्ति का नकार हो तो उस नकार के स्थान में णकार होता है। वृत्रहणौ।।

मू०–हो हन्तेर्ञ्णिन्नेषु। ७/३/५४।।

टी०–ञित् वा णित् प्रत्यय अथवा नकार परे रहे तो इन् धातु के हकार को कुत्व होगा। उ०–वृत्रहन्+शस्=वृत्रघ्नः। इसी प्रकार से शार्ङ्गिन्, यशस्विन्, अर्यमन्, और पूषन्, शब्दों को जानिये।

मू०–मघवा बहुलम्। ६/४/१२८।।

टी०–बहुल अर्थात् विकल्प करके मघवन् शब्द के अन्त को तृ आदेश होगा। तृ का ऋकार इत्संज्ञक जानिये।

मू०–उगिदचां सर्वनामस्थानेऽधातोः। ७/१/७०।।

टी०–धातु से भिन्न जो उगित् उसको और जिसका नकार लुप्त हुआ हो ऐसे अञ्चु धातु को नुम् आगम होगा सर्वनामस्थान पर रहते। उ०–मघवान्। मघवन्तौ। मघवन्तः। हे मघवन्। मघवद्भ्याम्। और जहाँ तृ आदेश नहीं हुआ वहाँ द्वितीया विभक्ति के द्विवचन पर्यन्त राजन् शब्द के सदृश रूप जानिये।

मू०–श्वयुवमघोनामतद्धिते। ६/४/१३३।।

टी०–अन् जिनके अन्त में हो ऐसे जो भसंज्ञक श्वन्, युवन् और मघवन् शब्द,

उन से परे जो तद्धित प्रत्यय न रहे तो उनको संप्रसारण आदेश होगा। उ०–मघोनः। मघवभ्याम्। इसी रीति से श्वन् और युवन् शब्द हैं।

मू०–न संप्रसारणे संप्रसारणम्। ६/१/३७॥

टी०–संप्रसारण परे रहते संप्रसारण नहीं होता। युवन्+शस्=यूनः। युवभ्याम्, इत्यादि।

मू०–पथिमथ्यृभुक्षामात्। ७/१/८५॥

टी०–सु परे रहते पथिन्, मथिन्, और ऋभुक्षिन्, शब्दों को आकार आदेश होगा।

मू०–इतोऽत् सर्वनामस्थाने। ७/१/८६॥

टी०–पथिन्, मथिन्, ऋभुक्षिन्, शब्द के इकार को अकार आदेश होगा सर्वनामस्थान परे रहते।

मू०–थो न्थः। ७/१/८७॥

टी०–सर्वनामस्थान परे रहते पथिन् और मथिन् शब्दों के थकार को न्थ आदेश होता है। उ०। पन्थाः। पन्थानौ। पन्थानः।

मू०–भस्य टेर्लोपः। ७/१/८८॥

टी०–भसंज्ञक जो पथिन् आदि शब्द उनकी टि का लोप होगा। पथः। पथा। पथिभ्याम्। ऐसे ही मथिन्, ऋभुक्षिन्, शब्द जानिये।

मू०–ष्णान्ता षट्। १/१/२४॥

टी०–षकारान्त या नकारान्त जो संख्यावाचक शब्द उसको षट् संज्ञा होगी। पञ्चन् शब्द सर्वदा बहुवचनान्त है। उ०–पञ्चन्+जस् वा शस=पञ्च २। पञ्चभिः। पञ्चभ्यः २। षष्ठीबहुवचन परे रहते नुट् आगम हुआ। तब

मू०–नोपधायाः। ६/४/७॥

टी०–नाम् परे रहते नकारान्त की उपधा को दीर्घ होगा। उ०–पञ्चानाम्। पञ्चसु।

मू०–अष्टन आ विभक्तौ। ७/२/८४॥

टी०–हलादि विभक्ति परे रहते अष्टन् शब्द को विकल्प करके आकार आदेश होता है।

मू०–अष्टाभ्य औश। ७/१/२१॥

टी०–पूर्वोक्त सूत्र में जिस अष्टन् शब्द को आकार आदेश हुआ हो उस से परे जो जश् वा शस् उनको औश् आदेश होगा। यद्यपि जस्, शस्, परे रहते आत्व की प्राप्ति नहीं रहती तथापि सूत्र में जो सूत्रकार ने एक मात्रा का लाघव पाकर भी अष्टभ्य ऐसा न पढ़ा किंतु अष्टाभ्य ऐसा पढ़ा इस से जान पड़ता है कि जस् और शस् परे रहते भी आत्व होता है। अष्टौ २। अष्टाभ्यः २। अष्टानाम्। अष्टासु। आत्व के अभाव पक्ष में पञ्चन् शब्द के तुल्य जानना।

मू०–ऋत्विग्दधृक्स्रग्दिगुष्णिगञ्चुयुजिक्रुञ्चां च। ३/२/५९॥

टी०–ऋत्विज्, दधृष्, स्रज्, दिश्, उष्णिह, अञ्चु, युज्, क्रुञ्च्, इन शब्दों से परे क्विन्·प्रत्यय होगा, परंतु अञ्चु धातु से सुबन्त उपपद रहते होता है, और युज्, क्रुञ्च्, यदि केवल रहें तो होगा और क्रुञ्च् धातु के नकार का लोप भी नहीं होता। क्विन् प्रत्यय के ककार और नकार इत् हैं।

मू०–कृदतिङ्। ३/१/९३॥

टी०–धातोः इस अधिकार में तिङ् को छोड़कर जो प्रत्यय हैं सो कृतसंज्ञक होता है।

मू०–वेरपृक्तस्य। ६/१/६७॥

टी०–अपृक्तसंज्ञक जो वि, अर्थात् इकार इत्संज्ञक हो जिसका ऐसा जो वकार, उसका लोप हो।

मू०–क्विन्प्रत्ययस्य कुः। ८/२/६२॥

टी०–जिस शब्द से क्विन् प्रत्यय विहित हो उसको कवर्ग अन्त में आदेश होगा पदान्त विषे। यह सूत्र चोः कुः सूत्र की अपेक्षा असिद्ध है इसलिये चोः कुः इसी से कुत्व होता है। उ०–ऋत्विग्। ऋत्विक्। ऋत्विजो। ऋत्विग्भ्याम्।

मू०–युजेरसमासे। ७/१/७१॥

टी०–यदि समास न हो तो सर्वनामस्थान परे रहते युज् को नुम् आगम होवे। उ०–युज्+सु, यहाँ प्रथम सु का लोप हुआ तब जकार का लोप हुआ। फिर नकार को कवर्ग हुआ तो युङ्। युञ्जौ। युञ्जः। युग्भ्याम्।

मू०–चोः कुः। ८/२/३०॥

टी०–झल् परे रहते या पदान्त में चवर्ग को कवर्ग होगा। उ०। सुयुक्। सुयुजौ। सुयुग्भ्याम्। खजि धातु से खञ्ज् शब्द बनता है। खन्। खञ्जौ। खन्भ्याम्।

मू०—व्रश्चभ्रस्जसृजमृजयजराजभ्राजच्छशां षः। ८/२/३६।।

टी०—झल् परे या पदान्त में व्रश्च, भ्रस्ज्, सृज्, मृज्, यज्, राज्, भ्राज्, और छकारान्त, शकारान्त, शब्द को षकार आदेश हो। उ०—राज्+सु=राट्, वा राड्। राजौ राड्भ्याम्। इसी रीति से विभ्राट् और विश्वसृट् आदि जानिये।

मू०—स्कोः संयोगाद्योरन्ते च। ८/२/२९।।

टी०—पदान्त में या झल् परे रहते जो संयोग उसके आदि में जो सकार या ककार उसका लोप हो। इस सूत्र से जब भृस्ज् के सकार का लोप हुआ तो भृज् रहा। तब षकार हुआ तो भृष् हुआ फिर भृड् हुआ तब भृट्। अब और परे रहते पदान्त संयोग नहीं है इस निमित्त सकार का लोप न हुआ तो स्तोः श्चुना श्चुः इस करके सकार को शकार हुआ फिर झलां जश् झशि सूत्र से जकार हुआ तो भृज्जौ। भृड्भ्याम। अब सर्वनाम शब्दों का वर्णन करते हैं। प्रथम त्यद् शब्द के दकार को अकार हुआ फिर पररूप। तब

मू०—तदोः सः सावनन्त्ययोः। ७/२/१०६।।

टी०—सु परे रहते त्यद् आदि शब्दों के अनन्त्य, अर्थात् अन्त में न हों, जो तकार, दकार, उनके स्थान में सकार हो। उ०—स्यः। त्यौ। त्ये। तद् शब्द से, सः। तौ। ते। यद् से, यः। यौ। ये। एतद् से एषः। एतौ। एते।

मू०—ङे प्रथमयोरम्। ७/१/२८।।

टी०—युष्मद्, अस्मद्, शब्दों से परे जो ङे या प्रथमा अथवा द्वितीया विभक्ति उसको अम् आदेश होता है।

मू०—त्वाहौ सौ। ७/२/९४।।

टी०—युष्मद्, अस्मद्, शब्दों के मकारपर्यन्त भाग को, अर्थात् युष्म्, अस्म्, इतने को, क्रम से त्व और अह आदेश हों सु परे रहते।

मू०—शेषे लोपः। ७/२/९०।।

टी०—युष्मद्, अस्मद्, शब्दों में जिस भाग को टि संज्ञा है उसका लोप हो ऐसी विभक्ति परे रहते कि जो आत्व और यत्व का निमित्त न हो। उ०—युष्मद्+सु। तब, युष्मद्+अम्। फिर, त्व+अद्+अम्। तब पररूप, फिर टि का लोप। तब, त्वम्। इसी रीति से अहम्, भी जानो।

मू०—युवावौ द्विवचने। ७/२/९२।।

टी०–विभक्ति परे रहते दो के बोधक जो युष्मद्, अस्मद् शब्द, उनके मकारपर्यन्त भाग को युव और आव आदेश क्रम से हो।

मू०–प्रथमायाश्च द्विवचने भाषायाम्। ७/२/८८।।

टी०–प्रथमा विभक्ति का द्विवचन जब परे रहे तब, युष्मद्, अस्मद्, शब्दों को आकार हो लोक में, अर्थात् वेद में नहीं। उ०–युवाम्। आवाम्।

मू०–यूयवयौ जसि। ७/२/९३।।

टी०–जस् परे रहते युष्मद्, अस्मद्, शब्दों के मपर्यन्त भाग को क्रम से यूय, वय, आदेश हो। उ०–यूयम्। वयम्।

मू०–त्वमावेकवचने। ७/२/९७।।

टी०–विभक्ति परे रहते एकवाचक पूर्वोक्त शब्दों के मपर्यन्त भाग को क्रम से त्व, म, आदेश होंगे।

मू०–द्वितीयायां च। ७/२/८७।।

टी०–द्वितीया विभक्ति परे रहते पूर्वोक्त शब्दों को आकार हो। उ०–त्वाम्। माम्।

मू०–शसो न। ७/१/२९।।

टी०–युष्मद्, अस्मद्, शब्दों से परे जो शस् उसके स्थान में अम् को बाधकर नकार हो। अलोऽन्त्यस्य करके सकार को नकार प्राप्त हुआ, आदेः परस्य करके शस् के अकार को हुआ, तब अन्त्य सकार का लोप हुआ और आत्व हुआ। उ०–युष्मान्। अस्मान्।

मू०–योऽचि। ७/२/८९।।

टी०–जिसको कुछ आदेश नहीं हुआ हो ऐसी अजादि विभक्ति परे रहते युष्मद्, अस्मद्, शब्दों को यकार आदेश होता है। उ०–त्वया। मया।

मू०–युष्मदस्मदोरनादेशे। ७/२/८६।।

टी०–जिसको कुछ आदेश नहीं हुआ हो ऐसी हलादि विभक्ति परे रहते युष्मद्, अस्मद्, को आकार आदेश हो। उ०–युवाभ्याम् ३। आवाभ्याम् ३। युष्माभिः। अस्माभिः।

मू०–तुभ्यमह्यौ ङयि। ७/२/९५।।

टी०–ङे परे रहते युष्मद्, अस्मद् शब्दों के मपर्यन्त भाग को क्रम से तुभ्य और मह्य आदेश हों। अनन्तर टिलोप हुआ। उ०–तुभ्यम्, मह्यम्।

मू०–भ्यसोऽभ्यम्। ७/१/३०।।

टी०–युष्मद्, अस्मद्, शब्दों से परे जो भ्यस् उसको अभ्यम् आदेश हो। उ०–युष्मभ्यम्। अस्मभ्यम्।

मू०–एकवचनस्य च। ७/१/३२।।

टी०–युष्मद्, अस्मद्, शब्दों से परे जो ङसि उसके स्थान में अत् होवे। उ०–त्वत्। मत्।

मू०–पञ्चम्या अत्। ७/१/३१।।

टी०–युष्मद्, अस्मद्, शब्दों से परे जो पञ्चमी विभक्ति का भ्यस् उसको अत् हो। उ०–युष्मत्। अस्मत्।

मू०–तवममौ ङसि। ७/२/९६।।

टी०–युष्मद्, अस्मद्, शब्दों के मपर्यन्त भाग को क्रम से तव, मम, आदेश हों।

मू०–युष्मदस्मद्भ्यां ङसोऽश्। ७/१/२७।।

टी०–युष्मद्, अस्मद्, शब्दों से परे जो ङस् उसके स्थान में अश् होता है। उ०–तव। मम। युवयोः आवयोः।

मू०–साम आकम्। ७/१/३३।।

टी०–युष्मद्, अस्मद्, शब्दों से परे जो साम्, अर्थात् विद्यमान जो आम् और होने वाला जो सुट्, उनके स्थान में आकम् आदेश होता है। उ०–युष्माकम्। अस्माकम्। त्वयि। मयि। युवयोः। आवयोः। युष्मासु। अस्मासु।।

मू०–युष्मदस्मदोः षष्ठचतुर्थीद्वितीयास्थयोर्वांनावौ। ८/१/२०।।

टी०–जब, युष्मद्, अस्मद्, शब्द किसी पद से परे रहें और पाद के आदि में न हों और षष्ठी, चतुर्थी, द्वितीया, सहित हों तो उनके स्थान में क्रम से वाम् और नौ आदेश हों। आगे जो तीन सूत्र लिखते हैं उन से बाधित होकर यह सूत्र केवल द्विवचन ही में लगता है।

मू०–बहुवचनस्य वस्नसौ। ८/१/२१।।

टी०–पूर्वोक्त विषय में षष्ठी आदि बहुवचन सहित जो युष्मद्, अस्मद्, शब्द हों तो उनके स्थान में क्रम से वस्, नस्, आदेश होंगे।।

मू०–तेमयावेकवचनस्य। ८/१/२२।।

टी०–पूर्वोक्त विषय में षष्ठी, चतुर्थी, के एकवचन सहित जो युष्मद्, अस्मद्, शब्द, उनको क्रम से ते और मे आदेश होगा।

मू०–त्वामौ द्वितीयायाः। ८/१/२३।।

श्रीशस्त्वाऽवतु मापीह, दत्तात् ते मेऽपि शर्म सः।
स्वामी ते मेऽपि स हरिः, पातु वामपि नौ विभुः।।१।।
सुखं वां नौ ददात्वीशः, पतिर्वामपि नौ हरिः।
सोऽव्याद्वो नः, शिवं वो नो दद्यात्, सेव्योऽत्र वः स नः।।२।।

टी०–पूर्वोक्त विषय में द्वितीया विभक्ति के एकवचन सहित जो युष्मद्, अस्मद् शब्द, तिनको क्रम से त्वा और मा आदेश हों। उ०–जैसे। श्रीशः लक्ष्मी का स्वामी, त्वा तुझको, मा मुझको, अवतु पाले। इह यहां, ते तुझे, मे मुझे, शर्म सुख, दत्तात् देवे। स हरिः वह ईश्वर, ते तेरा, मे मेरा, स्वामी है। और विभुः वह व्यापक ईश्वर, वाम् तुम दोनों को, नौ हम दोनों को, पातु पाले।। १।। ईशः ईश्वर, वाम् तुम दोनों को, नौ हम दोनों को, सुख देवे। हरिः ईश्वर, वाम् तुम दोनों का, नौ हम दोनों का, पति है। सः वह, वः तुमको, नः हमको, अव्यात् पाले। और वः तुमको, नः हमको, शिवं कल्याण दद्यात् देवे। अत्र यहाँ, वः तुम्हारे न हमारे, सः वह, सेव्यः सेवा करने के योग्य, है।। २।।

मू०–पादः पत्। ६/४/१३०।।

टी०–पाद् शब्द जिसके अन्त में हो ऐसा जो भसंज्ञक अङ्ग उसका अवयव जो पाद् शब्द उसको पद् आदेश होवे। उ०–सुपदः। सुपदा। सुपाद्भ्याम् ३। अग्निमथ् शब्द से, अग्निमत्, अर्थात् मथकर आग निकालने वाला। अग्निमथौ। अग्निमथम्।।

मू०–अनिदितां हल उपधायाः क्ङिति। ६/४/२४।।

टी०–जिसके इकार की इत्संज्ञा न होती हो ऐसा जो हलन्त अङ्ग उसके उपधारूप नकार का लोप हो कित् या ङित् प्रत्यय परे रहते। जैसे। प्राञ्च शब्द, जिसका अर्थ पूर्व दिशा है। यहाँ प्रपूर्वक अञ्चु धातु से जो क्विन् प्रत्यय हुआ उसका लोप हुआ तब इस सूत्र से नकार का लोप हुआ तो प्राच् तब नुम् हुआ इसलिये प्रान्च् फिर अन्त्य का लोप हुआ नकार को कुत्व हुआ, तब, प्राङ्। प्राञ्चौ। प्राञ्चः।।

मू०–अचः। ६/४/१३८।।

टी०—जिसके नकार का लोप हो गया हो ऐसा जो भसंज्ञक अञ्चु धातु उसका जो अकार तिसका लोप हो।

मू०—चौ। ६/३/१३८।।

टी०—जिस अञ्चु धातु के अकार और नकार का लोप हो गया हो ऐसा अञ्चु परे रहते पूर्व अण् को दीर्घ हो। उ०—प्राचः। प्राग्भ्याम्। प्रत्यञ्च् से, प्रत्यङ्। प्रत्यञ्चौ। प्रतीचः। प्रत्यग्भ्याम्। उदञ्च् से, उदङ्। उदञ्चा।

मू०—उद ईत्। ६/४/१३९।।

टी०—लुप्त है नकार जिसका ऐसा जो अञ्चु धातु सो जब उद् उपसर्ग से परे रहे तो उस भसंज्ञक अञ्चु धातु के अकार के स्थान में ईकार हो। उ०—उदीचः। उदग्भ्याम्।।

मू०—समः समि। ६/३/९३।।

टी०—जब अञ्चु धातु के अन्त में प्रत्यय विद्यमान न हो और वह परे रहे तब सम् के स्थान में समि आदेश हो। उ०—सम्यङ्। सम्यञ्चौ। समीचः। सम्यग्भ्याम्।

मू०—तिरसस्तिर्यलोपे। ६/३/९४।।

टी०—नहीं लुप्त हुआ है अकार जिसका और प्रत्यय जिसके अन्त में नहीं ऐसा अञ्चु धातु परे रहते तिरस् के स्थान में तिरि आदेश होता है। उ०—तिर्यङ्। तिर्यञ्चौ। तिरश्चः। तिर्यग्भ्याम्।

अब क्रुञ्च, शब्द। क्रुङ्। क्रुञ्चौ। क्रुङ्भ्याम्। ऐसे ही, पयोमुक्, या पयोमुग्। पयोमुचौ। पयोमुग्भ्याम्। महत् शब्छ उगित् है इस कारण नुम् होता है।

मू०—सान्तमहतः संयोगस्य। ६/४/१०।।

टी०—संबुद्धि से भिन्न सर्वनामस्थान पर रहते सकारान्त संयोग का या महत् शब्द का जो नकार उसकी उपधा को दीर्घ हो। उ०—महान्। महान्तौ। महान्तः। हे महन्। महद्भ्याम् ३।।

मू०—अत्वसन्तस्य चाधातोः। ६/४/१४।।

टी०—अत्वन्त की उपधा को और धातु भिन्न जो असन्त उसकी उपधा को दीर्घ हो संबुद्धि भिन्न सु परे रहते। धी शब्द से परे मतुप् प्रत्यय के होने से धीमत् शब्द हुआ। तब, धीमान्। धीमन्तौ। धीमन्तः। हे धीमन्। जब शस् आदि विभक्ति परे रहें तब महत् शब्द के समान रूप जानना। भा धातु से डवतु प्रत्यय हुआ तब आ का लोप हुआ। भा धातु भसंज्ञक नहीं है तो भी डवतु में डित्त्व जो किया है उसी के सामर्थ्य से

भसंज्ञा रहित भी भा धातु की टि का लोप होता है। उ०–भवान्। भवन्तौ। जब भवत् शब्छ शतृप्रत्ययान्त है तब, भवन्।

अब पिपठिष् शब्द का रूप लिखते हैं। रुत्व के प्रति षत्व असिद्ध है इस कारण से स हुआ तो पिपठिर् हुआ। तब

मू०–र्वोरुपधाया दीर्घ इकः। ८/२/७६।।

टी०–रेफान्त या वकारान्त जो धातु उनके उपधारूप इक् को दीर्घ हो पदान्त में। उ०–पिपठीः। पिपठिषौ। पिपठीर्भ्याम्।

मू०–नुम्विसर्जनीयशर्व्यवायेऽपि। ८/३/५८।।

टी०–नुम्, विसर्ग, और शर् प्रत्याहार, इनमें से किसी एक के व्यवधान, अर्थात् बीच में रहते भी, जो इण् या कवर्ग से परे सकार हो तो उस सकार के स्थान में मूर्धन्य, अर्थात् षकार, होता है। उ०–पिपठिस्+सुप्=पिपठीःषु, वा पिपठीष्षु। पिपठिष् शब्द का अर्थ है पढ़ने की इच्छा करने वाला। चिकीर्ष करने की इच्छा करने वाला। यहाँ चिकीर्ष्+सु इस अवस्था में पहले सु का लोप हुआ। तब मूर्धन्य ष असिद्ध हो गया और षकार को सकार मानने से उसका लोप हुआ। फिर अन्त के रेफ को विसर्ग हो गया, चिकीः। चिकीर्षौ। चिकीर्षः। चिकीर्भ्याम्। चिकीर्षु। इस सप्तमी के बहुवचन में सकार का लोप तो हुआ पर रेफ का विसर्ग न हुआ। विद्वस्, अर्थात् जानने वाला। विद् धातु से परे जो शतृ प्रत्यय तिसके स्थान में वसु आदेश हुआ तब विद्वस्+सु तब उगित् मानकर नुम् हुआ तब विद्व+नस्+स् फिर सुलोप हुआ तब दीर्घ हुआ और संयोगान्तलोप हुआ। तो, विद्वान्। विद्वांसौ। हे विद्वन्।

मू०–वसोः संप्रसारणम्। ६/४/१३१।।

टी०–वसु प्रत्यय जिसके अन्त में है ऐसा जो भसंज्ञक अङ्ग उसको संप्रसारण हो। इस से विद्वस् के वकार को उकार हुआ। विदुअस्+अस् हुआ, फिर विदुस्+अस्=विदुषः। विद्वद्भ्याम्।

मू०–पुंसोऽसुङ्। ७/१/८९।।

टी०–सर्वनामस्थान विवक्षित रहते पुंस् शब्द को असुङ् आदेश हो। जब सु परे रहते पुंस् के सकार के स्थान में असुङ् आदेश हुआ तब अनुस्वार फिर अपने मकार के स्वरूप को प्राप्त हो गया तो पुमस् शब्द हुआ फिर नुम् हुआ और दीर्घ हुआ तब सकार को लोप हुआ तो, पुमान्। पुमांसौ। पुंसः। पुम्भ्याम्। पुंसु। उशनस् को संबुद्धि से भिन्न सु परे रहते ऋदुशनस्पुरुदंसोऽनेहसां च इस सूत्र करके अनङ् हुआ तब उशना। उशनसौ।

मू०—अस्य संबुद्धौ वाऽनङ् नलोपश्च वा वाच्यः।।

टी०—संबुद्धि का सु परे रहते इस उशनस् शब्द को अनङ्, और नकार का लोप, दोनों विकल्प करके हो। उ०—हे उशन। हे उशनन्। हे उशनः। हे उशनसौ। उशनोभ्याम्। उशनस्सु। अनेहस् शब्द का, अनेहा। अनेहसौ। हे अनेहः। वेधस् शब्द से, वेधाः। वेधसौ। हे वेधः। वेधोभ्याम्।।

मू०—अदस औ सुलोपश्च। ७/२/१०७।।

टी०—सु परे रहते अदस् शब्द को औकार आदेश हो और सु का लोप हो। फिर दकार को तदोः सः सावनन्त्ययोः इस करके सकार हुआ। उ०—असौ। त्यदादीनामः से अकार हुआ और अतो गुणे से पररूप हुआ फिर वृद्धि हुई। तब

मू०—अदसोऽसेर्दादु दो मः। ८/२/८०।।

टी०—असान्त, अर्थात् जिसके अन्त में सकार न हो, ऐसे अदस् शब्द के दकार से परे को उकार या ऊकार हो और दकार के स्थान में मकार आदेश होता है। आन्तरतम्य से ह्रस्व स्वर के स्थान में उकार और दीर्घ स्वर के स्थान में ऊकार हो। इस रीति से अमू सिद्ध हुआ। अदस् से जस् परे रहते अत्व और पररूप हुए तब जसः शी से जस् के स्थान में शी हुई फिर गुण हुआ तब अदे ऐसी स्थिति हुई। फिर

मू०—एत ईद्बहुवचने। ८/२/८१।।

टी०—बहुवचन अदस् शब्द के दकार से परे जो एकार उसके स्थान में ईकार आदेश हो और दकार को मकार हो। उ०—अमी। पूर्वत्रासिद्धं सूत्र से उत्व, मत्व, असिद्ध होते हैं इस कारण विभक्ति मानके जो अत्व आदि कार्य हैं सो पहले होते हैं पीछे उत्व और मत्व होते हैं। अमुम्। अमू। अमून्। अब तृतीया विभक्ति के एकवचन में जब मुत्व कर चुके तब घि संज्ञा होती है फिर टा के स्थान में ना होता है। इस रीति से अमु+ना होता है। पर यहाँ जब घिसंज्ञा करने लगे तब मुभाव असिद्ध हो गया और उसके असिद्ध होने से घिसंज्ञा का अभाव ठहरा। तब ना आदेश जो घिसंज्ञा को मानकर होता है सो कैसे हो इसी कारण से वक्ष्यमाण सूत्र बनाया।।

मू०—न मु ने। ८/२/३।।

टी०—ना आदेश करने को हो या किया हो तो मु आदेश असिद्ध न हो। उ०—अमुना। अमूभ्याम्। अमीभिः। अमुष्मै। अमूभ्याम्। अमुष्मात्। अमुष्य। अमुयोः। अमीषाम्। अमुष्मिन्। अमीषु।

इति हलन्ताः पुल्लिङ्गाः।।

हलन्त स्त्रीलिङ्गः

मू०—नहो धः। ८/२/३४।।

टी०—नह् धातु के हकार को धकार हो झल् प्रत्याहार परे रहते या पदान्त में।।

मू०—नहिवृतिवृषिव्यधिरुचिसहितनिषु क्वौ। ६/३/११६।।

टी०—नह्, वृत्, वृष्, व्यध्, रुच्, सह्, तन्, इन धातुओं के अन्त में जब क्विप् प्रत्यय आवे तब इनके परे रहते पूर्व पद को दीर्घ होवे। नह् बांधना। वृत् होना। वृष् बरसना। व्यध्। ताडन करना या वेधना। रुच् चमकना या झलकना। सह् सहना। तन् फैलाना वा पसारना। उ०—उपानह्, अर्थात् जूती। यह शब्द रीति से बना है जैसे उप+नह्+क्विप्। अब यह नह् धातु क्विबन्त है इसलिये पूर्व पद जो उप है उसको दीर्घ हुआ और क्विप् का सर्वापहारी लोप हुआ इस निमित्त उपानह्+सु फिर उपानत् ऐसा सिद्ध हुआ। उपानहौ। उपानत्सु। उष्णिह् शब्द के अन्त में क्विन् होता है इस निमित्त कुत्व से घ हुआ। उष्णिक्। उष्णिहौ २। उष्णिग्भ्याम् ३। दिव्, अर्थात् स्वर्ग। द्यौः। दिवौ २। दिवः २। द्युभ्याम् ३। गिर्, अर्थात् वाणी। गीः। गिरौ २। गिरः २। इसी रीति से, पुर्, अर्थात् नगर। पूः। चतुर्, अर्थात् चार। इस शब्द को स्त्रीलिङ्ग में चतसृ आदेश होता है और स्वर परे रहते र आदेश होता है। चतस्रः २। न तिसृचतसृ करके दीर्घ नहीं हुआ, चतसृणाम्। किम् शब्द से, का होता है। के २। काः २। शेषरूप सर्वा शब्द के तुल्य जानना।

मू०—यः सौ। ७/२/११०।।

टी०—सु विभक्ति परे रहते इदम् शब्द के दकार को यकार हो। उ०—इयम्। और इतर विभक्ति परे रहते पहले मकार को अकार हुआ फिर पररूप हुआ फिर स्त्रीलिङ्ग है इसलिये टाप् हुआ और द को म हुआ। तब, इमे २। इमाः २। इमाम्। तृतीया विभक्ति के एकवचन में इद् को अन् आदेश हुआ फिर आकार को एकार हुआ तब अनया यह पद सिद्ध हुआ। हलादि विभक्ति में इद् का लोप होता है तब, आभ्याम् ३। आभिः। अस्यै। अस्याः २। अनयोः २। आसाम्। अस्याम्। आसु। स्रज्, अर्थात् माला या सेहरा, स्रक्। स्रजः २। स्रग्भ्याम् ३। सर्वनाम त्यद् शब्द को अकार अन्तादेश हुआ। फिर टाप्। तब, स्या। त्ये २। त्याः २। इसी रीति से तद् और एतद्। वाच्, अर्थात् वाणी। वाक्। वाचौ २। वाग्भ्याम् ३। वाक्षु। अप्, अर्थात् जल। यह शब्द सर्वदा बहुवचनान्त है। अप्तृन्तृच् इत्यादि से दीर्घ हुआ तब, आपः।

मू० – अपो भि। ७/४/४८।।

टी० – भकारादि प्रत्यय जो परे हो तो अप् शब्द को तकार आदेश होता है। उ० – अद्भिः। अद्भ्यः २। अपाम्। अप्सु। दिश्, अर्थात् पूरब आदि दिशा। दिक्, या दिग्। दिशौ २। दिशः २। दिग्भ्याम् ३। दृश धातु से क्विन् विधान किया है इसलिये अन्यत्र भी इसके अन्त्य को कुत्व होता है। जैसे। दृक्, या दृग्, अर्थात् दृष्टि। दृशौ २। दृग्भ्याम् ३। त्विष्, अर्थात् ज्योति या उजाला। त्विट्। त्विषौ २। त्विड्भ्याम् ३। आशिष, अर्थात् आशीर्वाद। आशीः। आशिषौ २। आशीर्भ्याम् ३। अदस् शब्द से, असौ। और विभक्तियों में उकार और दकार को म हुआ। तब, अमू २। अमूः २। अमुया। अमूभ्याम् ३। अमूभिः। अमुष्यै। अमूभ्यः २। अमुष्याः २। अमुयोः २। अमूषाम्। अमुष्याम्। अमूषु।

इति हलन्ताः स्त्रीलिङ्गाः।।

हलन्त नपुंसकलिङ्ग

मू० – स्वमोर्लुक्। दत्वम्।।

टी० – नपुंसकलिङ्ग शब्द से परे जो सु और अम् हों तो उनका लुक् होता है। सुपूर्वक अनडुह् शब्द है उस से संधि होकर स्वनडुह् शब्द हुआ। अब इसको दकार हुआ तब, स्वनडुत् २, अर्थात् एक अच्छा बैल जिस स्थान में या जिसके पास हो वह। स्वनडुही। बहुवचन में चतुरनडुहो–, इस तरह आम् हुआ और नुम् हुआ तब, स्वनड्वाहि। फिर उसी प्रकार से द्वितीया के भी रूप सिद्ध हुए। शेष रूप पुल्लिङ्ग के समान जानना। वार्, अर्थात् जल। वाः २। वारी २। वारि २। वारा। वार्भ्याम् ३। चत्वारि २। प्रश्नवाचक सर्वनाम किम् शब्द, अर्थात् कौन या क्यों। किम् २। के २। कानि २। सर्वनाम इदम् शब्द से, इदम् २। इमे २। इमानि २।

ब्रह्मन्, अर्थात् परब्रह्म। ब्रह्म २,। अहन्, अर्थात् दिन। अह्नी २, वा अहनी २। अहानि २।।

मू० – अहन्। ८/२/६८।।

टी० – अहन् शब्द को रु हो पदान्त में। अहोभ्याम् ३। दण्डिन्, अर्थात् दण्डसहित। दण्डि २। दण्डिनी २। दण्डीनि २। दण्डिना। दण्डिभ्याम् ३। सुपथिन्, अर्थात् उत्तम मार्ग जिस में हो वह। सुपथि २। द्विवचन में टि का लोप हुआ, तब, सुपथी २। सुपन्थानि २। सर्वनाम तद् से, तत् २। ते २। तानि २। यद् से, यत् २। ये २। यानि २।

एतद् से एतत् २। एते २। एत नि २। गो, अर्थात् गाय। अञ्च् अर्थात् गमन। इन से, गवाक् २, अर्थात् गाय को प्राप्त करने वाला। गोची २। गवाञ्चि २। गोचा। गवाग्भ्याम् ३। शकृत् २, अर्थात् विष्ठा। शकृती २। शकृन्ति २। ददत् २, अर्थात् देने वाला।

मू०–वा नपुंसकस्य। ७/१/७९।।

टी०–नपुंसकलिङ्ग में सर्वनामस्थान परे रहते अभ्यस्तसंज्ञक से परे जो शतृ प्रत्यय तदन्त को विकल्प करके नुम् होय। ददन्ति २, वा ददति २। तुदत्, अर्थात् पीड़ा देने वाला।

मू०–आच्छोनद्योर्नुम्। ७/१/८०।।

टी०–अवर्णान्त शब्द से परे शतृ प्रत्यय का अवयव जो तकार सो जिस शब्द के अन्त में हो तिसको विकल्प करके नुम् आगम हो शी या नदी परे रहते। यथा। लुद् धातु से शतृ और श प्रत्यय होने से और पररूप होने से तुदत् शब्द हुआ। तब द्विवचन में इस सूत्र से विकल्प करके नुम् हुआ तो, तुदन्ती २, वा तुदती २, ऐसे रूप हुए। तुदन्ति २। ऐसे ही, भा धातु दीप्ति अर्थ में है, उस से शतृ प्रत्यय शप् का लुक् हुआ तब भात् २। भान्ती २, या भाती २। भान्ति २। नदी परे, अर्थात् स्त्रीलिङ्ग में जब ङीप् होता है, तब भी इस सूत्र की प्राप्ति है। पच् धातु पाक करने अर्थ में है। इस से शतृ होने से और शप् होने से पचत् हुआ। फिर

मू०–शपश्यनोर्नित्यम्। ७/१/८१।।

टी०–शप् और श्यन् के अकार से परे जब शतृ प्रत्यय का अवयव तकार हो तब शतृप्रत्ययान्त जो समुदाय है तिसको नुम् होवे शी और नदी परे रहते। उ०– पचन्ती २। पचन्ति २। इसी रीति से, दीव्यत् २। दीव्यन्ती २। दीव्यन्ति २। धनुष्, अर्थात् कमान। धनुः २। धनुषी २। यह सकारान्त शब्द है इसलिये दीर्घ हुआ। नुम् का व्यवधान है तो भी सकार को षकार हुआ, धनूषि २। धनुषा। धनुर्भ्याम् ३। इसी भांति, चक्षुष्, हविष्, आदि जानना। पयस्, अर्थात् जल। पयः २। पयसी २। पयांसि २। पयसा। पयोभ्याम् ३। सर्वनाम अदस् अर्थात् वह। अदः २। इस शब्द को पहले विभक्ति कार्य, तब गुण, और उत्व, मत्व, होते हैं तब, अमू २। अमूनि २। शेष रूप पुलिङ्ग की भांति जानिये।

।। इति हलन्ता नपुसकलिङ्गाः।।

अथ अव्यय

मू०–स्वरादिनिपातमव्ययम्। १/१/३७।।

स्वर। अन्तर्। प्रातर। पुनर्। सनुतर्। उच्चैस्। नीचैस्। शनैस्, इत्यादि। आकृतिगणोऽयम्।।

टी०—स्वर् को आदि लेकर जो शब्द गण में हैं और जिनकी निपात संज्ञा है उन दोनों को अव्यय संज्ञा होती है। स्वर्, अर्थात् स्वर्ग या परलोक। अन्तर्, मध्य। प्रातर्, प्रातःकाल में। पुनर्, फिर, या विशेष। सनुतर्, छिपना। उच्चैस्, ऊँचे। नीचैस्, नीचे। शनैस्, धीरे-धीरे। अब निपातसंज्ञक लिखते हैं। च, अर्थात् और, या केवल। वा, अथवा। ह, प्रसिद्धि में। अह, आदरपूर्वक संबोधन वाक्य में। एव, निश्चय। एवम्, ऐसा। नूनम्, निश्चय करके। शश्वत्, निरन्तर, या सर्वदा, या साथ।

मू०—अव्ययादाप्सुपः। २/४/८२।।

सदृशं त्रिषु लिङ्गेषु सर्वासु च विभक्तिषु।
वचनेषु च सर्वेषु यन्न व्येति तदव्ययम्।।

टी०—अव्ययसंज्ञक से परे जब आप् वा सुप् आये तब उनका लुक् होगा। उ०—तत्र शालायाम्, अर्थात् उस शाला में। अथ, अर्थात् अनन्तर। इन उदाहरणों में स्त्रीलिङ्गवाचक आप् का और विभक्ति का क्रम से लुक् हो गया है।

जो तीनों लिङ्ग में सातों विभक्ति में और सब वचनों में विकार को न प्राप्त हो, अर्थात् जिसका एक सा स्वरूप रहे उसे अव्यय कहते हैं।।

।। इत्यव्ययानि।।

भ्वादि गण

मू०—लट्। लिट्। लुट्। लृट्। लेट्। लोट्। लङ्। लिङ्। लुङ्। लङ्।।

टी०—व्याकरण शास्त्र में काल, लकार से प्रकाशित होता है और वह लकार इत्संज्ञक वर्ण से युक्त है। जैसे—वर्तमान अर्थ में लट्। परोक्ष अनद्यतन भूत, अर्थात् अनदेखे अनद्यतन भूत अर्थ में, लिट्। अनद्यतन भविष्यत् अर्थ में लुट्। सामान्य भविष्यत् अर्थ में लृट्। प्रेरणा अर्थ में लेट्। फिर प्रेरणा अर्थ में लोट्। अनद्यतन भूत अर्थ में लङ्। विधि और निमन्त्रण आदि अर्थ में लिङ्। भूत अर्थ में लुङ्। कार्यकारणभाव आदि लिङ् के निमित्त रहते और क्रिया की असिद्धि जो ज्ञात हो तो भूत और तो भविष्यत् अर्थ में लृङ् होता है। इन लकारों में से पञ्चम लकार, अर्थात् लेट् लकार का प्रयोग केवल वेद ही में होता है।।

काल दो प्रकार के हैं–अद्यतन और अनद्यतन। आधी रात से लेकर और आधी रात पर्यन्त इसके बीच का काल अद्यतन है और इससे बाहर का काल अनद्यतन। इससे ज्ञात हुआ कि अद्यतन संज्ञा भूत, वर्तमान, और भविष्यत् में होती है।।

मू०–लः कर्मणि च भावे चाकर्मकेभ्यः। ३/४/६९।।

टी०–जिन लकारों का ऊपर वर्णन किया है उनको कर्ता या कर्म अर्थ के जताने के लिये सकर्मक धातु से परे स्थापन करो और कर्ता या भाव अर्थ के लिये अकर्मक धातु से परे रखो।

व्यापार जिसके आधीन रहता है उसको कर्ता कहते हैं और क्रिया के फल का जो आश्रय है उसको कर्म कहते हैं। उ०–देवदत्त भात रींधता है। यहाँ देवदत्त कर्ता है क्योंकि रींधना जो क्रिया है सो देवदत्त के आधीन है जो देवदत्त न हो तो उस क्रिया का साधन न हो सके। और भात कर्म है क्योंकि उसी पर क्रिया के फल का अवलम्ब है। जो ऊपर के वाक्य को यों लिखें कि भात देवदत्त से रींधा जाता है तो भी भात कर्म ही कहलावेगा। इन दोनों वाक्यों को जो संस्कृत में लिखें तो भी क्रिया का स्वरूप दोनों अवस्था में एक ही न रहेगा। एक ऐसा होगा कि जिस से कर्ता ही का अर्थ जाना जाये। जैसे, पचति रींधता है। और दूसरा ऐसा कि जिससे कर्म का अर्थ प्रकाश हो। जैसे पच्यते रींधा जाता है। अकर्मक क्रिया में कर्म नहीं होता इसलिये एक अवस्था में लकार उसके भाव, अर्थात् क्रिया ही को दिखाता है। जैसे। भूयते होना। और दूसरी अवस्था में सकर्मक पच धातु के सदृश अकर्मक क्रिया से भी लकार कर्ता अर्थ को प्रकाश करता है। जैसा–भवति होता है।

मू०–वर्तमाने लट्। ३/२/१२३।।

टी०–वर्तमानकालिक कार्य के प्रकाश करने में जब धातु का व्यवहार हो तब उस से परे लट् लकार लाओ। लट् में अ और ट् इत्संज्ञक हैं। ल् की भी इत्संज्ञा होनी चाहिये परंतु व्याकरण शास्त्र में कोई बात निरर्थक नहीं लिखी जाती और ल् की इत्संज्ञा करने से तो संपूर्ण लट् प्रत्यय नष्ट हो जायेगा, और उसके उच्चारण करने का कुछ भी फल न होगा, इसलिये ल् की इत्संज्ञा नहीं होती।

भू धातु जिसका अर्थ होना है उसका साधन लिखते हैं। जब उस से कर्तृवाचक प्रयोग बनाने की इच्छा होती है तब भू + ल् ऐसा रूप होता है।

मू०–तिप्तस्झिसिप्थस्थमिब्वस्मस्ताताञ्झथासाथान्ध्वमिड्-वहिमहिङ। ३/४/७८।।

टी०–नीचे लिखे हुए अट्ठारह प्रत्यय ल् के स्थान में आदेश होते हैं।

	।। परस्मैपद ।।			।। आत्मनेपद ।।		
	एकवचन	**द्विवचन**	**बहुवचन**	**एकवचन**	**द्विचवन**	**बहुवचन**
प्रथम	तिप्	तस्	झि	त	आताम्	झ
मध्य	सिप्	थस्	थ	थास्	आथाम्	ध्वम्
उत्तम	मिप्	वस्	मस्	इट्	वहि	महि

मू०–लः परस्मैपदम्। १/४/९९।।

टी०–ल् के स्थान में जो आदेश होते हैं वो परस्मैपद कहलाते हैं।

मू०–तङानावात्मनेपदम्। १/४/१००।।

टी०–जो प्रत्ययसमूह तङ् से ज्ञात होता है, अर्थात् त से लेकर महिपर्यन्त सो और दो प्रत्यय जिनका केवल आन अवशिष्ट रहता है, अर्थात् शानच् और कानच्, ये सब आत्मनेपद कहलाते हैं। तङ् की जो परस्मैपद संज्ञा समझ पड़ती थी सो इस सूत्र से जाती रही और यह निश्चय हुआ कि परस्मैपद के कहने से केवल पहले समूह के नौ (९) प्रत्यय तिप् से लेकर मस्पर्यन्त और क्वसु और शतृ जाने जाते हैं और आत्मनेपद से दूसरे समूह के नौ (९) प्रत्यय त से लेकर महिपर्यन्त और शानच्, कानच्, जाने जाते हैं।

मू०–अनुदात्तङित आत्मनेपदम्। १/३/१२।।

टी०–जिस धातु का अनुदात्त अथवा ङ् इत् हो उस से परे आत्मनेपद-प्रत्यय, अर्थात् तङ्, और शानच्, कानच्, हो।

किस धातु में क्या इत् है इसका ज्ञान धातु पाठ से होता है।

मू०–स्वरितञितः कर्त्रभिप्राये क्रियाफले। १/३/७२।।

टी०–जिस धातु में स्वरित अथवा ञ् इत् हो उस से परे आत्मनेपदसंज्ञक प्रत्यय होते हैं जब व्यापार का फल कर्ता को पहुँचता हो।

मू०–शेषात् कर्तरि परस्मैपदम्। १/३/७८।।

टी०–जो धातु आत्मनेपदसंज्ञक प्रत्यय के स्थापन करने के निमित्तों से हीन हो उस से परे परस्मैपद प्रत्यय कर्ता अर्थ में होते हैं।

परस्मैपद कर्म अर्थ को कभी नहीं दिखाता।

मू०—तिङस्त्रीणि त्रीणि प्रथममध्यमोत्तमाः। १/४/१०१।।

टी०—तिप् की ति और महि के ङ् से बने हुए तिङ् प्रत्याहार में जो प्रत्यय अन्तर्गत हैं उनके परस्मैपद और आत्मनेपद दोनों समूहों की जो तीन-तीन श्रेणी हैं सो क्रम से प्रथम, मध्यम और उत्तम, कहलाती हैं।

मू०—तान्येकवचनद्विवचनबहुवचनान्येकशः। १/४/१०२।।

टी०—जिन तीन-तीन श्रेणियों को प्रथम आदि संज्ञा क्रमानुसार हुई हैं उनके प्रत्येक त्रिक में जो तीन-तीन प्रत्यय हैं। जैसे-तिप्, तस्, झि, इत्यादि, उनकी क्रम से एकवचन, द्विवचन और बहुवचन, संज्ञा होती है।

मू०—युष्मद्युपपदे समानाधिकरणे स्थानिन्यपि मध्यमः। १/४/१०५।।

टी०—जिस कारक को, अर्थात् कर्ता, या कर्म को, लकार, अर्थात् तिङ्, दिखाता हो उसी कारक को जो युष्मद् शब्द दिखावे और युष्मद् उच्चारित हो या न हो तो लकार के स्थान में मध्यम पुरुष होगा।

मू०—अस्मद्युत्तमः। १/४/१०७।।

टी०—जब अस्मद् की अवस्था युष्मद् की सी हो तब लकार के स्थान में उत्तम पुरुष होगा।

मू०—शेषे प्रथमः। १/४/१०८।।

टी०—जिस विषय में युष्मद् और अस्मद् लिखे हैं उनको छोड़कर और सब अवस्था में लकार के स्थान में प्रथम पुरुष होता है।

भू+ल्=भू+ति।

मू०—तिङ्शित् सार्वधातुकम्। ३/४/११३।।

टी०—धातोः इस सूत्र रूप अधिकार में उक्त जो तिङ् प्रत्यय और जिसका शकार इत्संज्ञक होता है सो प्रत्यय सार्वधातुक कहलाए।

मू०—कर्तरि शप्। ३/१/६८।।

टी०—जब कर्ता अर्थवाची सार्वधातुक परे रहे तब धातु से परे शप् प्रत्यय होगा। शप् में श् प् इत् हैं इससे केवल अ बचता है, और भू+अ+ति ऐसा रूप होता है।

मू०—सार्वधातुकार्धधातुकयोः। ७/३/८४।।

टी०—सार्वधातुक अथवा आर्धधातुक परे रहते जिस अङ्ग के अन्त में इक् हो उसको गुण आदेश होगा। इस कारण से भू का भो होता है और एचोऽयवायावः से ओ

के स्थान में अव् होने पर भवति ऐसा पद बन जाता है। इसी रीति से भवतः बनता है। भवति वह होता है। भवतः वे दोनों होते हैं।

मू०—झोऽन्तः। ७/१/३।।

टी०—प्रत्यय का अवयव जो झ् उसके स्थान में अन्त् आदेश हो। भव के व में जो अ है उसके और अन्त के अकार के स्थान में, अर्थात् दोनों को मिलाकर एक अ हुआ तब भवन्ति यह पद सिद्ध हुआ। भवन्ति वे होते हैं। भवसि तू होता है। भवथः तुम दो होते हो। भवथ तुम होते हो।

मू०—अतो दीर्घो यञि। ७/३/१०१।।

टी०—यञादि सार्वधातुक परे रहते ह्रस्व अकारान्त अङ्ग को दीर्घ आदेश होता है। इस प्रकार से भव+मि=भवामि, मैं होता हूँ। भवावः, हम दो होते हैं। भवामः, हम होते हैं। सर्वनाम के लगाने से वर्तमान काल के रूप ऐसे होते हैं। यथा—

एकवचन	द्विवचन	बहुवचन
स भवति	तौ भवतः	ते भवन्ति
वह होता है।	वे दो होते हैं।	वे होते हैं।
त्वं भवसि	युवां भवथः	यूयं भवथ
तू होता है।	तुम दो होते हो।	तुम होते हो।
अहं भवामि	आवां भवावः	वयं भवामः
मैं होता हूँ।	हम दो होते हैं।	हम होते हैं।

मू०—परोक्षे लिट्। ३/२/११५।।

टी०—अनद्यतन भूत में जो बात बिना देखी हो उसके प्रकाश करने के लिये जिस धातु का व्यवहार किया जाये उस से परे लिट् होवे। लिट् में इ और ट् इत् हैं। और ल् के स्थान में तिप् आदि प्रत्यय होते हैं।

मू०—परस्मैपदानां णलतुसुस्थलथुसणल्वमाः। ३/४/८२।।

टी०—परस्मैपद तिप् आदि प्रत्यय जो लिट् के स्थान में आदेश किये हैं उनके स्थान में णल् आदि होवें, अर्थात्—

एकवचन	द्विवचन	बहुवचन
णल्	अतुस्	उस्
थल्	अथुस्	अ
णल्	व	म

जब इन आदेशों को करते हैं तब ण् और ल् का लोप हो जाता है तब भू+अ ऐसा रूप होता है।

मू०–भुवो वुग्लुङ्लिटोः। ६/४/८८।।

टी०–जब लुङ् अथवा लिट् का ऐसा आदेश परे रहे कि जिसके आदि में अच् हो तो भू धातु को वुक् आगम होवे। वुक् का उ और क् दोनों इत् हैं। इस भांति से, भू+अ=भूव्+अ।

मू०–लिटि धातोरनभ्यासस्य। ६/१/८।।

टी०–जिस धातु को द्वित्व न हुआ हो और लिट् लकार उस से परे रहे तो उसके एकाच् प्रथमभाग को द्वित्व होवे परंतु जो प्रथमभाग के आदि में अच् हो तो द्वितीय एकाच् भाग को द्वित्व होवे। इस रीति से, भूव्+अ=भूव् भूव्+अ।

मू०–पूर्वोऽभ्यासः। ६/१/४।।

टी०–जो दो रूप हुए हैं उन में से पहले को अभ्यास संज्ञा होती है।

मू०–हलादिः शेषः। ७/४/६०।।

टी०–अभ्यास का आदि हल् रह जाये और बाकी हलों का लोप हो। इस रीति से, भूभूव्+अ, हुआ।

मू०–ह्रस्वः। ७/४/५९।।

टी०–अभ्यास के अच् को ह्रस्व होवे। इस रीति से, भुभूव्+अ हुआ।

मू०–भवतेरः। ७/४/७३।।

टी०–भू धातु के अभ्यास सम्बन्धी उ के स्थान में अ होवे जब लिट् परे रहे। इस रीति से, भभूव्+अ हुआ।

मू०–अभ्यासे चर् च। ८/४/५४।।

टी०–अभ्यास में जो झल् उसके स्थान में जश् और चर् होते हैं। अर्थात् झश् की ठौर जश् होवे और खय् के स्थान में चर्। इस भांति से, भभूव्+अ=बभूव्+अ=बभूव, वह हुआ। बभूवतुः, वे दो हुए। बभूवुः, वे हुए।

मू०–लिट् च। ३/४/११५।।

टी०–लिट् के स्थान में जो तिङ् आदेश उसको आर्धधातुक संज्ञा होती है।

मू०–आर्धधातुकस्येड्वलादेः। ७/२/३५।।

टी०—जिस आर्धधातुक के आदि में वल् हो उसको इट् आगम होगा। आद्यन्तौ टकितौ इसके अनुसार आर्धधातुक प्रत्यय के आदि में इट् हुआ। उ०—बभूविथ, तू हुआ। बभूवथुः, तुम दो हुए। बभूव, तुम हुए। बभूव, मैं हुआ। बभूविव, हम दो हुए। बभूविम, हम हुए।

मू०—अनद्यतने लुट्। ३/३/१५।।

टी०—अनद्यतन भविष्यत् क्रिया के प्रकाश करने वाले धातु से परे लुट् होगा।

मू०—स्यतासी लृलुटोः। ३/१/३३।।

टी०—जब लृ और लुट् परे रहें तब धातु से परे स्य और तासि प्रत्यय क्रम से होवें। यह सूत्र शप्, श्यन्, आदि का बाधक है। लृ से लृङ् और लृट् दोनों का ग्रहण होता है।

मू०—आर्धधातुकं शेषः। ३/४/११४।।

टी०—तिङ् और शित् प्रत्यय छोड़कर शेष और प्रत्यय जो धातोः ऐसा कहकर किसी धातु से विहित हों तो आर्धधातुक कहलावें। इट् आगम हुआ।

मू०—लुटः प्रथमस्य डारौरसः। २/४/८५।।

टी०—लुट् के प्रथमपुरुष के स्थान में डा, रौ, और रस्, क्रम से आदेश होते हैं। जब डित् प्रत्यय परे रहता है तब पूर्व भसंज्ञक की टि का लोप होता है परंतु भवितास् को भ संज्ञा नहीं हो सकती इसलिये उसकी टि का लोप भी नहीं हो सकता, व्याकरण में कोई वर्ण निरर्थक इत् नहीं होता तो यहाँ भी डकार निष्फल न हो इस हेतु से भवितास् जिसकी भ संज्ञा नहीं है उसकी भी टि का लोप हुआ। इस रीति से भवितास् का भवित् होता है और डा के आ में मिलाने से, भविता, अर्थात् वह होगा।

मू०—तासस्त्योर्लोपः। ७/४/५०।।

टी०—ताम् प्रत्यय और अस् धातु को लोप होता है जब सकारादि प्रत्यय परे रहे। इस सूत्र की अनुवृत्ति इसके आगे के सूत्र में जाती है।

मू०—रि च। ७/४/५१।।

टी०—तास् प्रत्यय और अस् धातु का लोप होवे जब उन से परे ऐसा प्रत्यय रहे कि जिसके आदि में र हो। उ०—भवितारौ, वे दो होंगे। भवितारः, वे होंगे। भवितासि, तू होगा। भवितास्थः, तुम दो होंगे। भवितास्थ, तुम होगे। भवितास्मि, मैं हूंगा। भवितास्वः, हम दो होंगे। भवितास्मः, हम होंगे।

मू०—लृट् शेषे च। ३/३/१३।।

टी०—भविष्यत्काल की क्रिया का प्रकाश करने वाली जो धातु उस से परे लृट् हो पर दूसरी क्रिया जो भविष्यत्कार्यरूपी फल के लिये कोई कार्य प्रकाश करती हो वह रहे या न रहे।

स्य और इट् के होने से और स् के स्थान में ष् आदेश होने से ऐसे पद होते हैं। जैसे–भविष्यति, वह होगा। भविष्यतः, वे दो होंगे। भविष्यन्ति, वे होंगे। भविष्यसि, तू होगा। भविष्यथः, तुम दो होगे। भविष्यथ, तुम होगे। भविष्यामि, मैं हूंगा। भविष्यावः, हम दो होंगे। भविष्यामः, हम होंगे।

मू०—लोट् च। ३/३/१६२।।

टी०—विधि आदि अर्थ में धातु से परे लोट् हो।

मू०—आशिषि लिङ्लोटौ। ३/३/१७३।।

टी०—आशिष् अर्थ में धातु से परे लिङ् और लोट् दोनों हों।

मू०—एरुः। ३/४/८६।।

टी०—लोट् के स्थान में जो प्रत्यय उसके इकार के स्थान में उ हो। अलोऽन्त्यस्य इस सूत्र करके केवल तिप् और झि के इकार के स्थान में उ होता है। उ०—भवतु, वह हो।

मू०—तुह्योस्तातङाशिष्यन्यतरस्याम्। ७/१/३५।।

टी०—आशिष् अर्थ में तु और हि के स्थान में तातङ् आदेश विकल्प करके हो। तातङ् आदेश यद्यपि ङित् है तो भी तु और हि के स्थान में होता है क्योंकि तातङ् के ङित्व से गुण और वृद्धि का निषेध और संप्रसारण आदि फल हैं कुछ ङिच्च इस सूत्र करके अन्त्य में हो एतदर्थ ही नहीं है। उ०—भवतात्, ईश्वर करे वह होगा।

मू०—लोटो लङ्वत्। ३/४/८५।।

टी०—लङ् के सदृश लोट् को ताम् आदि आदेश हों और उसके स् का लोप हो।

मू०—तस्थस्थमिपां तान्तन्तामः। ३/४/१०१।।

टी०—ङित् लकार, अर्थात् लङ्, लिङ्, लुङ् और लृङ्, के आदेश जो तस्, थस्, थ, और मिप्, हैं उनके स्थान में ताम्, तम्, त, और अम्, क्रम से होवें। उ०—भवताम्, वे दो हों। भवन्तु, वे हों।

मू०–सेर्ह्यपिच्च। ३/४/८७।।

टी०–लोट् के स्थान में जो सि उसको अपित् हि होवे, अर्थात् पित् मानकर जो कार्य होते हैं सो इसको मानकर न हों।

मू०–अतो हेः। ६/४/१०५।।

टी०–ह्रस्व अकार से परे जो हि तिसका लुक् हो। उ०–भव, अथवा भवतात्, तू हो या हो। भवतम्, तुम दो हो। भवत, तुम हो।

मू०–मेर्निः। ३/४/८९।।

टी०–लोट् के स्थान में जो मि आदेश उसके स्थान में नि होगा।।

मू०–आडुत्तमस्य पिच्च। ३/४/९२।।

टी०–लोट् के स्थान में जो उत्तमसंज्ञक प्रत्यय आदेश किये जाते हैं। उनको आट् आगम होवे और वह पित् माना जावे। हि और नि के इकार के स्थान में उ नहीं होता यदि हो तो उन दोनों प्रत्ययों में इ का लिखना निरर्थक हो जायेगा। उ०–भवानि, मैं होऊँ।

मू०–नित्यं ङितः। ३/४/९९।।

टी०–ङित् लकार के स्थान में जो सकारान्त उत्तमसंज्ञक आदेश उसका नित्य ही लोप हो। अलोऽन्त्यस्य इस करके अन्त्य जो सकार उसी का लोप होता है। उ०–भवाव, हम दो हों। भवाम, हम हों।

मू०–अनद्यतने लङ्। ३/२/१११।।

टी०–अनद्यतन भूतकाल की क्रिया का बोधक जो धातु उस से परे लङ् होती है।

मू०–लुङ्लङ्लृङ्क्ष्वडुदात्तः। ६/४/७१।।

टी०–लुङ्, लङ्, और लृङ्, परे रहते अङ्ग को उदात्त अट् आगम हो।

मू०–इतश्च। ३/४/१००।।

टी०–ङित् लकार के स्थान में जो इकारान्त परस्मैपद, अर्थात् ति, अन्ति, सि, और मि, तिनका लोप हो। उ०–अभवत्, वह हुआ। अभवताम्, वे दो हुए। अभवन्, वे हुए। अभवः, तू हुआ। अभवतम्, तुम दो हुए। अभवत, तुम हुए। अभवम्, मैं हुआ। अभवाव, हम दो हुए। अभवाम, हम हुए।

मू०–विधिनिमन्त्रणामन्त्रणाधीष्टसंप्रश्नप्रार्थनेषु लिङ्। ३/३/१६१।।

टी०–विधि आदि अर्थ में धातु से परे लिङ् हो।

मू०–यासुट् परस्मैपदेषूदात्तो ङिच्च। ३/४/१०३।।

टी०–लिङ् के स्थान में जो परस्मैपदसंज्ञक आदेश उनको यासुट् आगम हो सो ङित् और उदात्त होता है।

मू०–लिङः स लोपोऽनन्त्यस्य। ७/२/७९।।

टी०–लिङ् के स्थान में जो सार्वधातुक आदेश तिनके अवयव स् का लोप हो जब वह सकार अन्त में न हो। यह प्राप्त हुआ। तब

मू०–अतो येयः। ७/२/८०।।

टी०–ह्रस्व अवर्ण से परे जो सार्वधातुक का अवयव यास् उसको इय् आदेश होता है। उ०। भव+इय्+त्=भवेय्+त् ऐसा हुआ। तब

मू०–लोपो व्योर्वलि। ९/१/६६।।

टी०–वल् प्रत्याहार परे रहते व् और य् का लोप हो। उ०–भवेत्, वह हो। भवेताम्, वे दो हों।

मू०–झेर्जुस्। ३/४/१०८।।

टी०–लिङ् के स्थान में जो झि उसको जुस् हो। उ०–भवेयुः, वे होवें। भवेः, तू होवे। भवेतम्, तुम दो हो। भवेत, तुम हो। भवेयम्, मैं होऊँ। भवेव, हम दो होवें। भवेम, हम होवें।

मू०–लिङाशिषि। ३/४/११६।।

टी०–आशिष् अर्थवाची लिङ् के स्थान में जो तिङ् आदेश उसको आर्धधातुक संज्ञा होती है।

मू०–किदाशिषि। ३/४/१०४।।

टी०–आशिष् अर्थ में जो लिङ् उसके स्थान में आगम जो यासुट् सो कित् हो। स्कोः संयोगाद्योरन्ते च इस सूत्र के अनुसार यासुट् के यास् स् का लोप हो जाता है।

मू०–क्ङिति च। १/१/५।।

टी०–जिस निमित्त को मानकर के इग्लक्षण गुण, वृद्धि, की प्राप्ति होती है इसलिए यदि गित्, कित्, अथवा ङित्, हो तो गुण, वृद्धि, न होगी। इग्लक्षण का यह

आशय है कि जिस सूत्र से गुण या वृद्धि का विधान हो उस में इक् पद की उपस्थिति होती हो। भू+यास्त् यहाँ भू का ऊ जो इक् प्रत्याहार में है उसके स्थान में गुण पाया क्योंकि यास्त् आर्धधातुक प्रत्यय परे है परंतु यासुट् कित् माना गया है इस कारण गुण नहीं हुआ। उ०–भूयात्, वह होवे। भूयास्ताम्, वे दो होवें। भूयासु:, वे होवें। भूया:, तू होवे। भूयास्तम्, तुम दो हो। भूयास्त, तुम हो। भूयासम्, मैं होऊँ। भूयास्व, हम दो होवें। भूयास्म हम हों।

मू०–लुङ्। ३/२/११०।।

टी०–भूतकाल की क्रिया के बोधक धातु से परे लुङ् होता है। इसको परोक्ष अनद्यतन में लिट्, और अपरोक्ष अनद्यतन में लङ्, ये दोनों क्रम से बाध लेते हैं।

मू०–च्लि लुङि। ३/१/४३।।

टी०–लुङ् परे रहते धातु से च्लि प्रत्यय होता है। यह च्लि शप् आदि का अपवाद है।

मू०–च्लेः सिच्। ३/१/४४।।

टी०–च्लि के स्थान में सिच् होता है। सिच् में इ और च् इत् हैं।

मू०–गातिस्थाघुपाभूभ्यः सिचः परस्मैपदेषु। २/४/७७।।

टी०–जब गा, स्था, और घुसंज्ञक, और पा, और भू, इन धातुओं से परे परस्मैपद प्रत्यय आवें तब सिच् का लुक् होता है। यहाँ गमन अर्थ में गा धातु जो इण् धातु को आदेश होता है और पान अर्थ में पा धातु जिसको पिब आदेश होता है उनका ग्रहण है।

मू०–भूसुवोस्तिङि। ७/३/८८।।

टी०–भू और सू इन दोनों धातु को सार्वधातुक तिङ् प्रत्यय परे रहते गुण नहीं होता। उ०–अभूत्, वह हुआ। अभूताम्, वे दो हुए। अभूवन्, वे हुए। अभू:, तू हुआ। अभूतम्, तुम दो हुए। अभूत, तुम हुए। अभूवम्, मैं हुआ। अभूव, हम दो हुए। अभूम, हम हुए।

मू०–लिङ्निमित्ते लृङ्क्रियातिपत्तौ। ३/३/१३९।।

टी०–जहाँ लिङ् स्थापन करने के निमित्त, अर्थात् कार्यकारणभाव, विधि, निमन्त्रण, आदि में से कोई अर्थ प्रकाश करने हो वहाँ भविष्यत् काल की क्रिया के बोधक धातु से लङ् करो जब क्रिया की असिद्धि समझी जाती हो।

उ०–अभविष्यत् जो वह हो, अभविष्यताम्, जो वे दो हों। अभविष्यन्, जो वे हों। अभविष्यः, जो तू हो। अभविष्यतम्, जो तुम दो हो। अभविष्यत्, जो तुम हो। अभविष्यम्, जो मैं होऊँ। अभविष्याव, जो हम दो हों। अभविष्याम, जो हम हों।

उ०–जो अच्छी वृष्टि हो तो बहुत अन्न भी हो। इस उदाहरण में कार्य की असिद्धि प्रकाश की गई है।

अब अत् धातु जो निरन्तर गमन अर्थ में है उसको साधेंगे। धातुपाठ में अत् का स्वरूप अत है। अन्त का अ अनुबन्ध कहलाता है। उ०–अतति, वह निरन्तर जाता है।

मू०–अत आदेः। ७/४/७०।।

टी०–अभ्यास के आदि ह्रस्व अ को दीर्घ होय। उ०–आत, वह गया। आततुः, वे दो गये। आतुः, वे गये। आतिथ, तू गया। आतथुः, तुम दो गये। आत, तुम गये। आत, मैं गया। आतिव, हम दो गये। आतिम, हम गये। लुट् में अतिता, वह जायेगा। ऌट् में अतिष्यति, वह जायेगा। और लोट् में अततु, वह जावे।

मू०–आडजादीनाम्। ६/४/७२।।

टी०–लुङ्, लङ्, ऌङ्, परे रहते अजादि अङ्ग को आट् आगम होय। उ०–आतत्, वह गया। लिङ् में अतेत्, वह जावें। आशिष् में अत्यात्, ईश्वर करे कि वह जावे। अत्यास्ताम्, ईश्वर करे कि वे दो जावें। जब लुङ् आवे और सिच् परे हो और इट् आगम भी हो चुका हो तब आगे के सूत्रों की अपेक्षा होती है। यथा

मू०–अस्तिसिचोऽपृक्ते। ७/३/९६।।

टी०–विद्यमान सिच् अथवा विद्यमान अस् धातु से परे जो अपृक्त हल् उसको ईट् आगम होगा।

मू०–इट ईटि। ८/२/२८।। सिज्लोप एकादेशे। सिद्धो वाच्यः।।

टी०–ईट् परे रहते इट् से परे जो स् उसका लोप हो। सिच् के स् का लोप इस त्रिपादी के सूत्र से किया गया है इसलिये दीर्घविधायक जो सपाद सप्ताध्यायी का सूत्र है सो लोप को असिद्ध जानता है इस कारण यहाँ संधि नहीं पाई इस हेतु से वार्तिककार को कहना पड़ा कि जहाँ एक से अधिक स्वर के स्थान में एक ही स्वर आदेश हो। जैसे। इ+ई की जगह केवल है तहाँ सिच् का लोप सिद्ध माना चाहिये। उ०। आति+ईत्=आतीत्, वह गया। आतिष्टाम्, वे दो गये।

मू०—सिजभ्यस्तविदिभ्यश्च। ३/४/१०९।।

टी०—सिच्, अथवा अभ्यस्तसंज्ञक धातु, अथवा विद् धातु, से परीभूत ङित् लकार के स्थान में आदेश जो झि प्रत्यय उसको जुस् होता है। उ०—आतिषुः, वे गये। आतीः, तू गया। आतिष्टम्, तुम दो गये। आतिष्ट, तुम गये। आतिषम्, मैं गया। आतिष्व, हम दो गये। आतिष्म, हम गये। लृङ् में आतिष्यत्, जो वह जायेगा।

अब गद् धातु जो स्पष्ट बोलने अर्थ में है उसे साधेंगे। गदति, वह बोलता है।

मू०—कुहोश्चुः। ७/४/६२।।

टी०—अभ्यास के कवर्ग अथवा ह् को चवर्ग आदेश होता है।

मू०—अत उपधायाः। ७/२/११६।।

टी०—ञित् अथवा णित् प्रत्यय परे रहते ह्रस्व अकाररूप उपधा को वृद्धि हो। उ०—जगाद्, वह बोला। जगदतुः, वे दो बोले। जगदुः, वे बोले। जगदिथ, तू बोला। जगदथुः, तुम दो बोले। जगद, तुम बोले।

मू०—णलुत्तमो वा। ७/१/९१।।

टी०—उत्तमसंज्ञक प्रत्यय का णल् विकल्प करके णित् माना जावे। उ०—जगाद वा जगद, मैं बोला। जगदिव, हम दो बोले। जगदिम, हम बोले। लुट् में गदिता, वह बोलेगा। लृट् में गदिष्यति, वह बोलेगा। लोट् में गदतु, वह बोले। लङ् में अगदत्, वह बोला। लिङ् में गदेत्, वह बोले। आशिष् में गद्यात्, ईश्वर करे कि वह बोले।

मू०—ह्रस्वं लघु। १/४/१०।।

टी०—ह्रस्व अच् को लघु संज्ञा होती है।

मू०—संयोगे गुरु। १/४/११।।

टी०—संयोग परे रहते ह्रस्व अच् को गुरु संज्ञा होती है।

मू०—दीर्घं च। १/४/१२।।

टी०—दीर्घं अच् को गुरु संज्ञा होती है।

मू०—अतो हलादेर्लघोः। ७/२/७।।

टी०—जिस धातु के आदि में हल् हो उसके लघुसंज्ञक अकार को विकल्प करके वृद्धि हो जब ऐसा सिच् प्रत्यय परे रहे कि जिसके पूर्व इट् हो और परस्मैपदसंज्ञक प्रत्यय परे हो। उ०—अगादीत् या अगदीत्, वह बोला। लृङ् में अगदिष्यत्, जो वह बोलेगा।

अब गुपू जो रक्षा करने अर्थ में है उसे साधेंगे।

मू०–गुपूधूपविच्छिपणिपनिभ्य आयः। ३/१/२८।।

टी०–गुप्त रक्षा करना। धूप् तप्त करना। विच्छ् निकट आना। पण स्तुति करना। और पन स्तुति करना। इन धातुओं से परे आय प्रत्यय हो स्वार्थ में।

मू०–सनाद्यन्ता धातवः। ३/१/३२।।

टी०–सन् से लेकर कमेर्णिङ् सूत्र के णिङ्पर्यन्त जो बारह प्रत्यय हैं उनमें से कोई जिनके अन्त में हो वे प्रत्ययविशिष्ट धातु कहलाती हैं। धातु मानने से सन् से परे लट् आदि प्रत्यय भी होंगे।।

मू०–पुगन्तलघूपधस्य च। ७/३/८६।।

टी०–जिसके अन्त में पुक् आगम हुआ हो या जिस अङ्ग की उपधा लघु हो उसके इक् को गुण होता है सार्वधातुक वा आर्धधातुक प्रत्यय परे रहते। उ०–गोपायति, वह रक्षा करता है।।

मू०–आयादय आर्धधातुके वा। ३/१/३१।।

टी०–जब आर्धधातुक का लाना इष्ट हो तब आय आदि प्रत्यय, अर्थात् बारहों में से केवल तीन, आय, ईयङ्, और णिङ्, विकल्प करके होते हैं।

मू०–कास्यनेकाच आम् वक्तव्यः।।

टी०–ऐसा कहना उचित है कि जब लिट् परे रहे तब कास् धातु से और जिसमें बहुत अच् हों ऐसे धातु से परे आम् प्रत्यय होता है।

मू०–अतो लोपः। ६/४/४८।।

टी०–जब आर्धधातुक आने वाला हो तब जिस धातु के अन्त में अकार रहे उसके अकार का लोप होवे आर्धधातुक परे रहते।

मू०–आमः। २/४/८१।।

टी०–आम् से परे जो प्रत्यय उसका लुक् होता है।

मू०–कृञ् चानुप्रयुज्यते लिटि। ३/१/४०।।

टी०–कृञ् प्रत्याहार में जो धातु अन्तर्गत हैं, अर्थात् कृ करना, भू होना, और अस् होना। सो आमन्त शब्द से परे स्थापित किये जावें और उन से परे लिट् होता है। इन्हीं को द्वित्व और लिट् के सब कार्य होते हैं।

मू०—उरत्। ७/४/६६।।

टी०—अभ्यास के ऋवर्ण के स्थान में अकार आदेश होता है। कृ को वृद्धि होती है। उ०—गोपायांचकार, उस ने रक्षा की।

प्रथम पुरुष के द्विवचन कृ+अतुस् के रूप बनाने में ऋ के स्थान में पहले यण् पाया और द्वित्वविधायक से द्वित्व भी पाया। तब

मू०—द्विर्वचनेऽचि। १/१/५९।।

टी०—द्वित्व का निमित्त अच् परे रहते पूर्व अच् को कोई आदेश नहीं होता जब लग द्वित्व न हुआ हो पर उसके होने की अपेक्षा रहे। उ०—गोपायांचक्रतुः, उन दो ने रक्षा की, गोपायांचक्रुः। उन्होंने रक्षा की।

मू०—एकाच उपदेशेऽनुदात्तात्। ७/२/१०।।

ऊदृदन्तैर्यौतिरुक्ष्णुशीस्नुनुक्षुश्विडीङ्श्रिभिः ।
वृङ्वृञ्भ्यां च विनैकाचोऽजन्तेषु निहताः स्मृताः।।

कान्तेषु शक्लेकः। चान्तेषु पच्मुच्रिच्वच्विच्सिचः षट्। छान्तेषु प्रच्छेकः। जान्तेषु त्यज्निज्भज्भञ्ज्भुज्भ्रस्ज्मस्ज्यज्युज्रुज्रञ्ज्-विजिर्स्वञ्ज्सञ्ज्सृजः पञ्चदश। दान्तेषु अद् क्षुद् खिद् छिद् तुद् नुद् पद्य भिद् विद्य विनद् विन्द शद् सद् स्विद्य स्कन्दिहदी षोडश। धान्तेषु क्रुध् क्षुध् बुध्य बन्ध् युध् रुध् राध् व्यध् शुध् साध् सिध्य एकादश। नान्तेषु मन्यहनौ द्वौ। पान्तेषु आप्क्षिप्छुप्तप्तिप्तृप्दृप्यलिप्लुप्वप्-शप्स्वप्सृपस्त्रयोदश। भान्तेषु यभ्रभ्लभस्त्रयः। मान्तेषु गम्नम्यम्-रमश्चत्वारः। शान्तेषु क्रुश्दंश्दिश्दृश्मृश्रिश्रुश्लिश्विश्स्पृशो दश। षान्तेषु कृष् त्विष् तुष् द्विष् दुष् पुष्य पिष् विष् शिष् शुष् श्लिष् एकादश। सान्तेषु। घसवसती द्वौ। हान्तेषु दहदिहदुहनह्मिहरुहलिहवहोऽष्टौ।।

अनुदात्ता हलन्तेषु धातवस्त्र्यधिकं शतम्।

टी०—उपदेश में जो धातु एकाच् और अनुदात्त हो उस से परे जो आर्धधातुक प्रत्यय उसको इट् आगम नहीं होता।

एकाच् अजन्त धातु सब अनुदात्त हैं जिनके अन्त में ऊ अथवा ॠ हो उनको और आगे जो लिखे हैं उनको छोड़कर, यु मिलाना या अलग करना। रु शब्द करना। क्ष्णु तीक्ष्ण करना। शीङ् सोना। ष्णु चूना अथवा चुआना। णु स्तुति करना। क्षु छींकना।

श्वि बढना या गमन करना। डीङ् उड़ना। श्रिञ् सेवा करना। वृङ् सेवा करना। और वृञ् स्वीकार करना।

एकाच् हलन्त धातु जो अनुदात्त हैं, उन में ककारान्त एक ही है, शक्लृ समर्थ होना। चकारान्त छः धातु हैं, पच् रींधना। मुच् छोड़ना। रिच् रेचकं औषध से पेट चलाना। वच् बोलना। विच् अलग करना। और सिच् छिड़कना या सींचना। छकारान्त एक ही है, प्रच्छ् पूछना। जकारान्त पंद्रह हैं, त्यज् त्यागना। निज् शुद्ध करना। भज् सेवा करना। भञ्ज् तोड़ना। भुज् भोग करना। भ्रस्ज् भूजना। मस्ज् डूबना। यज् यज्ञ करना आदि। युज् जोड़ना। रुज् रोगी होना। रञ्ज् रंगना। विजिर् बिलगाना। स्वञ्ज् गले लगाना। सञ्ज् मिलना। और सृज् त्याग करना। दकारान्त सोलह हैं, अद् खाना। क्षुद् कूटना। खिद् दुखित होना। छिद् काटना। तुद् दुःख देना। नुद् प्रेरण करना। पद्य, अर्थात् दिवादि गण का पद, जानना। भिद तोड़ना। विद्य, अर्थात् दिवादि गण का विद्, होना। विनद्, अर्थात् रुधादि गण का विद्, विचारना। विन्द, अर्थात् तुदादि गण का विद, उपार्जन करना। शद् मुरझाना या नष्ट होना। सद् जाना इत्यादि। स्विद्य, अर्थात् दिवादि गण का स्विद् पसीजना। स्कन्द्, जाना वा सूखना या सुखाना। और हद् मलत्याग करना। धकारान्त ग्यारह हैं, क्रुध् रिसाना। क्षुध् भुखाना। बुध्य, अर्थात् दिवादि गण का बुध्, जानना। बन्ध् बांधना। युध् लड़ना। रुध् रूंधना या घेरना। राध् सिद्ध करना। व्यध् ताड़न करना या वेधना। शुध् स्वच्छ होना। साध् सिद्ध करना। और सिध्य, अर्थात् दिवादि गण का सिध्, पूरा होना। नकारान्त दो हैं, मन्य, अर्थात् दैवादिक मन्, मानना। और हन् मारना। पकारान्त तेरह हैं, आप् प्राप्त करना या व्याप्त होना। क्षिप् फेंकना। छुप् छूना। तप् तपना। तिप् चूना। तृप्य, अर्थात् दिवादिगणीय तृप्, परितुष्ट होना या परितुष्ट करना। दृप्य, अर्थात् दिवादिगण का दृप्, अभिमानी होना। लिप् पोतना। लुप् काटना। वप् बोना। शप्, शाप देना या शपथ करना। स्वप् सोना। और सृप् रेंगना। भकारान्त तीन हैं, यभ् मैथुन करना। रभ आरम्भ करना। और लभ प्राप्त करना। मकारान्त चार हैं, गम् जाना। नम् नमस्कार करना। यम्, निवृत्त होना या दान करना। और रम क्रीड़ा करना। शकारान्त दश हैं, क्रुश् चिल्लाकर रोना। दंश् डसना। दिश्, दान करना या दिखाना। दृश् देखना। मृश्, स्पर्श करना या बोध करना। रिश् हिंसा करना। रुश् हिंसा करना। लिश् घटना। विश् प्रवेश करना। और स्पृश् छूना। षकारान्त ग्यारह हैं, कृष् आकर्षण करना। त्विष् चमकना। तुष् तृप्त होना। द्विष् द्वेष करना। दुष् बिगड़ना। पुष्य, अर्थात् द्विवादिगण का पुष् पुष्ट करना। पिष् पीसना। विष् व्याप्त होना। शिष् विशिष्ट करना। शुष् सुखाना। और श्लिष्

आलिङ्गन करना। सकारान्त दो हैं, घस् खाना। और वस् वास करना। हकारान्त आठ हैं, दह् जलाना। दिह् पोतना। दुह् दुहना। नह् बांधना। मिह् सींचना। रुह् जमना। लिह् चाटना। और वह्, ले जाना।

इस प्रकार से हलन्त धातु में से अनुदात्त धातु एक सौ तीन हैं।

जिस लिये कृ धातु अनुदात्त और एकाच् है इसलिये अव्यवहित पूर्व लिखित सूत्र से सम्बन्ध रखता है परंतु लिट् परे रहते उसको क्रादि नियम से इट् आगम नहीं होता क्योंकि उस नियम सूत्र में कृ धातु का भी पाठ है। गोपायांचकर्थ, तूने रक्षा की। गोपायांचक्रथुः, तुम दो ने रक्षा की। गोपायांचक्र, तुम ने रक्षा की। गोपायांचकार, मैंने रक्षा की। गोपायांचकृव, हम दो ने रक्षा की। गोपायांचकृम, हम ने रक्षा की इसी अर्थ में इस प्रकार के भी रूप लिट् में बनते हैं। जैसे। गोपायांबभूव, अथवा गोपायामास, उस ने रक्षा की। आयादय आर्धधातुके या इस सूत्र के विकल्प लगने से इस प्रकार के भी रूप होते हैं। जैसे। जुगोप, उस ने रक्षा की। जुगुपतुः, उन दो ने रक्षा की। जुगुपुः, उन ने रक्षा की।

मू०—स्वरतिसूतिसूयतिधूञूदितो वा। ७/२/४४।।

टी०—स्वृ आदि धातु, अर्थात् स्वृ, शब्द करना। सूति, सूयति, से अदादि और दिवादि, दोनों गण का धातु लेते हैं, अर्थात् षू उत्पन्न करना। और धू कंपाना। इनसे और ऊदित् धातु से परे वल् प्रत्याहारगत वर्ण जिसके आदि में हो ऐसा जो आर्धधातुक प्रत्यय उसको विकल्प करके इट् आगम होता है। गुपू धातु का ऊ इत् है इसलिये जुगोपिथ, या जुगोप्थ, तू ने रक्षा की गोपायिता या गोपिता या गोप्ता, वह रक्षा करेगा। गोपायिष्यति या गोपिष्यति या गोप्स्यति, वह रक्षा करेगा। गोपायतु, वह रक्षा करे। अगोपायत्, उस ने रक्षा की। गोपायेत्, वह रक्षा करे।

मू०—वदव्रजहलन्तस्याचः। ७/२/३।।

टी०—वद्, व्रज्, और हलन्त धातु, इनके अच् को वृद्धि हो जब ऐसा सिच् प्रत्यय परे हो कि जिसके आगे परस्मैपद प्रत्यय परे रहे। यह प्राप्त हुआ। तब

मू०—नेटि। ७/२/४।।

टी०—हलन्त धातु को वृद्धि न हो जब ऐसा सिच् परे रहे कि उसके आदि में इट् हो। उ०—अगोपायीत् वा अगोपीत्, जब इट् नहीं किया जाता तब अगौप्सीत्, उसने रक्षा की।

मू०—झलो झलि। ८/२/२६।।

टी०—झल् से परीभूत जो स् उसका लोप होगा जब झल् परे रहे। अगोप्ताम्, उन दो ने रक्षा की। अगोप्सुः, उन ने रक्षा की। अगोप्सीः, तू ने रक्षा की। अगोप्तम्, तुम दो ने रक्षा की। अगोप्त, तुम ने रक्षा की। अगोप्सम्, मैंने रक्षा की। अगोप्स्व, हम दो ने रक्षा की। अगोप्स्म, हम ने रक्षा की। अगोपायिष्यत् या अगोपिष्यत् या अगोप्स्यत्, जो वह रक्षा करेगा।

क्षि घटना। क्षयति, वह घटता है। चिक्षाय, वह घटा। चिक्षियतुः, वे दो घटे। चिक्षियुः, वे घटे। एकाच उपदेशेऽनुदात्तात् इस करके निषेध पाया। तो

मू०—कृसृभृवृस्तुद्रुस्रुश्रुवो लिटि। ७/२/१३।।

टी०—कृ बनाना। सृ जाना। भृ पालन करना। वृ स्वीकार करना। स्तु स्तुति करना। द्रु दौड़ना। स्रु चूना। और श्रु सुनना। केवल इन्हीं धातुओं से परे जो लिट् उसको इट् आगम नहीं होता किंतु और कोई धातु जो अनिट् भी हो तो भी उस से परे वल् प्रत्याहारगत वर्ण जिसके आदि में हो ऐसा जो आर्धधातुक लिट् उसको इट् आगम होगा।

मू०—अचस्तास्वत् थल्यनिटो नित्यम्। ७/२/६१।।

टी०—जो धातु उपदेश में अजन्त हो और तास् प्रत्यय परे रहते नित्य अनिट् हो उस से परे जो थल् उसको भी हट् आगम नहीं होगा।

मू०—उपदेशेऽत्वतः। ७/२/६२।।

टी०—जो हलन्त धातु उपदेश में अकारवान् हो और तासि प्रत्यय परे रहते नित्य अनिट् हो उस से परे जो थल् उसको इट् आगम नहीं होता।

मू०—ऋतो भारद्वाजस्य। ७/२/६३।।

टी०—भारद्वाज के मत में तासि प्रत्यय परे रहते नित्य अनिट् ऋदन्त जो धातु उसी से परे जो थल् तिसको इट् नहीं होता। भारद्वाज के मत से ऋदन्त ही धातु को इट् का निषेध है इसलिये ऋदन्त से भिन्न जो धातु उस से परे जो थल् उसको इट् आगम होना चाहिए और इसी मतभेद के कारण से इट् विकल्प करके होता है।

चिक्षयिथ या चिक्षेथ, तू घटा। चिक्षियथुः, तुम दो घटे। चिक्षिय, तुम घटे। चिक्षाय या चिक्षय, मैं घटा। चिक्षियिव, हम दो घटे। चिक्षियिम, हम घटे। क्षेता, वह घटेगा। क्षेष्यति, वह घटेगा। क्षयतु, वह घटे। अक्षयत्, वह घटा। क्षयेत्, वह घटे।

मू०—अकृत्सार्वधातुकयोर्दीर्घः। ७/४/२५।।

टी०–अजन्त अङ्ग को दीर्घ आदेश हो कृत्संज्ञक प्रत्यय और सार्वधातुक इन दोनों से भिन्न ऐसा प्रत्यय कि जिसके आदि में यकार हो सो जब परे रहे। उ०–क्षीयात्, ईश्वर करे कि वह घटे।

मू०–सिचि वृद्धिः परस्मैपदेषु। ७/२/१।।

टी०–इगन्त अङ्ग को वृद्धि हो जब ऐसा सिच् प्रत्यय परे रहे कि उस से परे परस्मैपद प्रत्यय हो। उ०–अक्षैषीत्, वह घटा। अक्षेष्यत्, जो वह घटेगा।

तप् तपना। उ०। तपति, वह तपता है। तताप, वह तपा।

मू०–अत एकहल्मध्येऽनादेशादेर्लिटि। ६/४/१२०।।

टी०–कित् माना गया जो लिट् सो परे रहते लिट् निमित्त मानकर जिस अङ्ग के स्थान में आदेश न हुए हों उसका अवयव असंयुक्त हलों के बीच में वर्तमान जो अकार उसको एकार होता है और अभ्यास का लोप होता है। उ०–तेपतुः, वे दो तपे। तेपुः, वे तपे।

मू०–थलि च सेटि। ६/४/१२१।।

टी०–जब इट् सहित थल् परे हो तब भी पूर्वोक्त कार्य होते हैं। उ०–तेपिथ, ततप्थ, तू तपा। तप्ता, वह तपेगा। तप्स्यति, वह तपेगा। तपतु, वह तपे। अतपत्, वह तपा। तपेत्, वह तपे। तप्यात्, ईश्वर करे कि वह तपे। अताप्सीत्, वह तपा। अताप्ताम्, वे दो तपे। अतप्स्यत्, जो वह तपेगा।

।। इति परस्मैपदिधातवः।।

भ्वादि गण

बढ़ना अर्थ में आत्मनेपदी एध धातु।

मू०–टित आत्मनेपदानां टेरे। ३/४/७९।।

टी०–टित् लकार के स्थान में आत्मनेपदसंज्ञक आदेश की टि को ए होता है। उ०। एध्+शप्+त=एधते, वह बढ़ता है।

मू०–आतो ङितः। ७/२/८१।।

टी०–अकार से परे जो ङित् प्रत्यय उसके आकार को इय् होता है। उ०–एधेते, वे दो बढ़ते हैं। एधन्ते, वे बढ़ते हैं।

मू०–थासः से। ३/४/८०।।

टी०–टित् लकार के स्थान में जो थास् उसको से आदेश होगा। उ०–एधसे, तू बढ़ता है। एधेथे, तुम दो बढ़ते हो। एधध्वे, तुम बढ़ते हो। जब अपदान्त अकार से गुणसंज्ञक अच् परे आता है तब पररूप ही होता है। उ०–एध+ए=एधे, मैं बढ़ता हूँ। एधावहे, हम दो बढ़ते हैं। एधामहे, हम बढ़ते हैं।

मू०–इजादेश्च गुरुमतोऽनृच्छः। ३/१/३६।।

टी०–जब लिट् परे हो तब ऋच्छ धातु को छोड़कर इजादि और गुरुसंज्ञक अच् सहित जो धातु तिस से परे आम् प्रत्यय हो।

मू०–आम्प्रत्ययवत् कृञोऽनुप्रयोगस्य। १/३/६३।।

टी०–जिस से परे आम् प्रत्यय आता है उसको यहाँ आम्प्रत्यय कहते हैं और यह आम्प्रत्यय शब्द जो सूत्र में लिखा है उस में अतद्गुणसंविज्ञान बहुव्रीहि समास है। आम्प्रत्ययवत्, अर्थात् आम् की प्रकृति के तुल्य, कृ धातु से भी आत्मनेपदसंज्ञक प्रत्यय होता है।

यहाँ इतना जानना उचित है कि बहुव्रीहि समास दो प्रकार का होता है–तद्गुणसंविज्ञान और अतद्गुणसंविज्ञान। तद्गुणसंविज्ञान का यह आशय है कि जिस लक्षण से किसी वस्तु का बोध होता हो सो उस वस्तु में देख पड़े और उस लक्षण के साथ उस वस्तु का विशिष्ट बोध होना भी अभिमत हो। जैसे–लम्बकर्णमानय, लंबे कान वाले को लाओ। इस वाक्य में जो लंबा कान है सो जिस व्यक्ति को हम मांगते हैं उसका लक्षण अर्थात् परिचायक है, और उसी में रहता है, और उसी के साथ ही उस लक्षण का विशिष्ट बोध होना भी अभिमत है। परंतु अतद्गुणसंविज्ञान की ऐसी रीत नहीं होती। जैसे–दृष्टसागरमानय, जिस ने समुद्र देखा है उसको लाओ। अब यह विचारना चाहिए कि जिस ने सागर देखा है उसका लक्षण सागर तो है परंतु सागर उस में नहीं रहता और सागरविशिष्ट पुरुष ऐसा बोध भी अभिमत नहीं है। इतने सब लिखने का यह फल है कि जिस धातु से आम् प्रत्यय विहित होता है उसी धातु के तुल्य कृञ् धातु से परे आत्मनेपद प्रत्यय होता है, अर्थात् जिस धातु से आम् प्रत्यय आता है वह धातु यदि आत्मनेपदी हो तो कृञ् धातु से भी आत्मनेपद हो नहीं तो नहीं। आम् के आने से उसके आगे के प्रत्यय का लुक् होता है।

मू०–लिटस्तझयोरेशिरेच्। ३/४/८१।।

टी०–लिट् के स्थान में आदेश जो त और झ तिनको एश् और इरेच् आदेश क्रम

से हो। उ०–एधांचक्रे, वह बढ़ा। एधांचक्राते, वे दो बढ़े। एधांचक्रिरे, वे बढ़े। एधांचकृषे, तू बढ़ा। एधांचक्राथे, तुम दो बढ़े।

मू०–इणः षीध्वंलुङ्लिटां धोऽङ्गात्। ८/३/७८।।

टी०–जिस अङ्ग के अन्त में इण् प्रत्याहार का कोई वर्ण हो तिस से परे षीध्वं का और लुङ् लिट् के आदेश का जो ध् उसको ढ् हो। उ०–एधांचकृढ्वे, तुम बढ़े। एधांचक्रे, मैं बढ़ा। एधांचकृवहे, हम दो बढ़े। एधांचकृमहे, हम बढ़े। एधांबभूव और एधामास भी इसी काल के रूप हैं। एधिता, वह बढ़ेगा। एधितारौ, वे दो बढ़ेंगे। एधितारः, वे बढ़ेंगे। एधितासे, तू बढ़ेगा। एधितासाथे, तुम दो बढ़ोगे।

मू०–धि च। ८/२/२५।।

टी०–जिस प्रत्यय के आदि में ध् हो सो जब परे रहे तब स् का लोप हो। उ०–एधिताध्वे, तुम बढ़ोगे।।

मू०–ह एति। ७/४/५२।।

टी०–अस् धातु के और तास् प्रत्यय के स् को ह् हो जब एकार परे हो। उ०–एधिताहे, मैं बढ़ूंगा। एधितास्वहे, हम दो बढ़ेंगे। एधितास्महे, हम बढ़ेंगे। एधिष्यते, वह बढ़ेगा। एधिष्येते, वे दो बढ़ेंगे। एधिष्यन्ते, वे बढ़ेंगे। एधिष्यसे, तू बढ़ेगा। एधिष्येथे, तुम दो बढ़ोगे। एधिष्यध्वे, तुम बढ़ोगे। एधिष्ये, मैं बढ़ूंगा। एधिष्यावहे, हम दो बढ़ेंगे। एधिष्यामहे, हम बढ़ेंगे।

मू०–आमेतः। ३/४/९०।।

टी०–लोट् लकार के स्थान में जो आदेश उसका अवयव जो एकार उसको आम् हो। उ०–एधताम्, वह बढ़े। एधेताम्, वे दो बढ़ें। एधन्ताम्, वे बढ़ें।

मू०–सवाभ्यां वामौ। ३/४/९१।।

टी०–स् और व् से परे लोट् का जो एकार उसको क्रम से व् और अम् होगा। इस सूत्र के कारण से लोट् लकार में एधसे ऐसा रूप नहीं होता किंतु एधस्व ऐसा होता है। उ०। एधस्व, तू बढ़। एधेथाम्, तुम दो बढ़ो। एधध्वम्, तुम बढ़ो।

मू०–एत ऐ। ३/४/९३।।

टी०–लोट् के उत्तम पुरुष के ए को ऐ होता है। उ०–एधै, मैं बढ़ूं। एधाव है, हम दो बढ़ें। एधाम है, हम बढ़ें। फिर आ+एधत=ऐधत, वह बढ़ा। ऐधेताम्, वे दो बढ़े। ऐधन्त, वे बढ़े। ऐधथाः, तू बढ़ा। ऐधेथाम्; तुम दो बढ़े। ऐधध्वम्, तुम बढ़े। ऐधे, मैं बढ़ा। ऐधावहि, हम दो बढ़े। ऐधामहि, हम बढ़े।

मू०–लिङः सीयुट्। ३/४/१०२।।

टी०–लिङ् को सीयुट् आगम होता है। स् और य् का लोप होता है। उ०–एधेत्, वह बढ़े। एधेयाताम्, वे दो बढ़ें।

मू०–झस्य रन्। ३/४/१०५।।

टी०–लिङ् के झ को रन् होता है। उ०–एधेरन्, वे बढ़ें। एधेथाः, तू बढ़। एधेयाथाम्, तुम दो बढ़ो। एधेध्वम्, तुम बढ़ो।

मू०–इटोऽत्। ३/४/१०६।।

टी०–लिङ् के स्थान में आदेश जो इट् उसको अकार हो। उ०–एधेय, मैं बढ़ूं। एधेवहि, हम दो बढ़ें। एधेमहि, हम बढ़ें।

मू०–सुट् तिथोः। ३/४/१०७।।

टी०–लिङ् के स्थान में जो आदेश उसके अवयव त् और थ् को सुट् आगम होता है। सीयुट् भी होता है। और सीयुट् के य् का लोप हुआ। आशिष अर्थ में लिङ् के आदेश आर्धधातुक हैं इसलिये सीयुट् और सुट् के स् का लोप नहीं होता। उ०। एध्+इ+सी+स्त=एधिषीष्ट, ईश्वर करे कि वह बढ़े। एधिषीयास्ताम्, ईश्वर करे कि वे दो बढ़ें। एधिषीरन्, ईश्वर करे कि वे बढें। एषिधीष्ठाः, ईश्वर करे कि तू बढ़े। एधिषीयास्ताम् ईश्वर करे कि तुम दो बढ़ों। ईश्वर करे कि तुम बढ़ो। एधिषीय, ईश्वर करे कि मैं बढ़ूं। एधिषीवहि, ईश्वर करे कि हम दो बढ़ें। एधिषीमहि, ईश्वर करे कि हम बढ़ें। ऐधिष्ट, वह बढ़ा। ऐधिषाताम्, वे दो बढ़े।

मू०–आत्मनेपदेष्वनतः। ७/१/५।।

टी०–आत्मनेपद विषे जो झ् उसको अत् होता है जब वह झ् अकार से परे न हो। उ०–ऐधिषत, वे बढ़े। ऐधिष्ठाः, तू बढ़ा। ऐधिषाथाम्, तुम दो बढ़े। ऐधिढ्वम्, तुम बढ़े। ऐधिषि, मैं बढ़ा। ऐधिष्वहि, हम दो बढ़े। ऐधिष्महि, हम बढ़े। ऐधिष्यत, जो वह बढ़ेगा। ऐधिष्येताम्, जो वे दो बढ़ेंगे। ऐधिष्यन्त, जो वे बढ़ेंगे। ऐधिष्यथाः, जो तू बढ़ेगा। ऐधिष्येथाम्, जो तुम दो बढ़ोगे। ऐधिष्यध्वम्, जो तुम बढ़ोगे। ऐधिष्ये, जो मैं बढ़ूंगा। ऐधिष्यावहि, जो हम दो बढ़ेंगे। ऐधिष्यामहि, जो हम बढ़ेंगे।

इत्यात्मनेपदिधातवः।।

डुपचष् पाक करना। उ०–पचति या पचते, वह पाक करता है। पपाच या पेचे, उस ने पकाया। पेचिथ या पपक्थ, तू ने पकाया। पेचे, उस ने पकाया। पक्तासि या

पक्तासे, तू पकावेगा। पक्ष्यति या पक्ष्यते, वह पकावेगा। अपक्ष्यत् या अपक्ष्यत, जो वह पकावेगा।

इति भ्वादयः

अदादि गण

अद् खाना

मू० – अदिप्रभृतिभ्यः शपः। २/४/७२॥

टी० – अद् आदि धातु से परे जो शप् उसका लुक् हो। उ० – अत्ति, वह खाता है। अत्तः, वे दो खाते हैं। अदन्ति, वे खाते हैं। अत्सि, तू खाता है। अत्थः, तुम दो खाते हो। अत्थ, तुम खाते हो। अद्मि, मैं खाता हूँ। अद्वः, हम दो खाते हैं। अद्मः, हम खाते हैं।

मू० – लिट्यन्तरस्याम्। २/४/४०॥

टी० – जब लिट् परे हो तब अद् धातु को विकल्प करके घस्लृ आदेश हो। उ० – उस ने खाया। इस शब्द के प्रथम पुरुष का द्विवचन जब बनाने लगते हैं। तब

मू० – गमहनजनखनघसां लोपः क्ङित्यनङि। ६/४/९८॥

टी० – गम्, हन्, जन्, खन्, घस्, इन धातुओं की उपधा का लोप हो जब अङ् प्रत्यय छोड़कर और कोई अजादि कित् या ङित् प्रत्यय परे हो। घ् को चर् हो जाता है।

मू० – शासिवसिघसीनां च। ८/३/६०॥

टी० – शास् शिक्षा करना। वस् वसना। और घस् खाना। ये जो धातु हैं उनके स् को ष् हो जब वह इण् प्रत्याहारगत वर्ण से या कवर्ग से परे हो। उ० – जक्षतुः, उन दो ने खाया। जक्षुः, उन ने खाया। जघसिथ, तू ने खाया। जक्षथुः, तुम दो ने खाया। जक्ष, तुम ने खाया। जघास, मैं ने खाया। जक्षिव, हम दो ने खाया। जक्षिम, हम ने खाया। दूसरे पक्ष में आद, उस ने खाया। आदतुः, उन दो ने खाया। आदुः, उन ने खाया।

मू० – इडत्त्यर्तिव्ययतीनाम्। ७/२/६६॥

टी० – अद् खाना। ऋ जाना। और व्येञ् आच्छादन करना। इन से परे जो थल् उसको नित्य इट् होता है। उ० – आदित्थ, तू ने खाया। अत्ता, वह खायेगा। अत्स्यति, वह खायेगा। अत्तु, वह खाये। अत्तात्, ईश्वर करे कि वह खाये। अत्ताम्, वे दो खायें। अदन्तु, वे खायें।

मू०–हुझल्भ्यो हेर्धिः। ६/४/१०१।।

टी०–हु, होम करना या ग्रहण करना। और झलन्त जो धातु। इन से परे जो हि उसको धि हो। उ०–अद्धि, तू खाये। अत्तात्, ईश्वर करे कि तू खाये। अत्तम्, तुम दो खाओ। अत्त, तुम खाओ। अदानि, मैं खाऊँ। अदाव, हम दो खायें। अदाम, हम खायें।

मू०–अदः सर्वेषाम्। ७/३/१००।।

टी०–सब वैयाकरणों के मत में अपृक्तसंज्ञक सार्वधातुक को अट् आगम होता है। जब वह अद् धातु से परे हो। उ०–आदत्, उस ने खाया। आत्ताम्, उन दो ने खाया। आदन्, उन ने खाया। आदः, तू ने खाया। आत्तम्, तुम दो ने खाया। आत्त, तुम ने खाया। आदम्, मैं ने खाया। आद्व, हम दो ने खाया। आद्म, हम ने खाया। अद्यात्, वह खाये। अद्याताम्, वे दो खायें। अद्युः, वे खायें। अद्यात्, ईश्वर करे कि वह खाये। अद्यास्ताम्, ईश्वर करें कि वे दो खायें। अद्यासुः, ईश्वर करे कि वे खायें।

मू०–लुङ्सनोर्घस्लृ। २/४/३७।।

टी०–जब लुङ् या सन् परे रहे तब अद् धातु को घस्लृ आदेश होता है।

मू०–पुषादिद्युताद्यलृदितः परस्मैपदेषु। ३/१/५५।।

टी०–परस्मैपद परे रहते श्यन्विकरण, अर्थात् दिवादिगणीय, पुष् आदि धातुओं से परे और द्युत आदि से और जिनका लृ इत्संज्ञक हो, उनसे परे जो च्लि उसको अङ् हो। उ०–अघसत्, उसने खाया। आत्स्यत्, जो वह खायेगा।।

शीङ् सोना।

मू०–शीङः सार्वधातुके गुणः। ७/४/२१।।

टी०–सार्वधातुक प्रत्यय से परे रहते शीङ् को गुण होय। उ०–शेते, वह सोता है। शयाते, वे दो सोते हैं।

मू०–शीङो रुट्। ७/१/६।।

टी०–शीङ् धातु से परे जो झ् उसके स्थान में आदेश जो अत् उसको रुट् आगम हो। उ०–शेरते, वे सोते हैं। शेषे, तू सोता है। शयाथे, तुम दो सोते हो। शेध्वे, तुम सोते हो। शये, मैं सोता हूँ। शेवहे, हम दो सोते हैं। शेमहे, हम सोते हैं। शिश्ये, वह सोया। शिश्याते, वे दो सोये। शिश्यिरे, वे सोये। शयिता, वह सोवेगा। शयिष्यते, वह सोवेगा। शेताम्, वह सोवे। शयाताम्, वे दो सोवें। शेरताम्। वे सोवें। अशेत, वह

सोया। अशयाताम्, वे दो सोये। अशेरत, वे सोये। शयीत, वह सोवे। शयीयाताम्, वे दो सोवें। शयीरन्, वे सोवें। शयिषीष्ट, ईश्वर करे कि वह सोवे। अशयिष्ट, वह सोया। अशयिष्यत, जो वह सोवेगा।

दुह दुहना। उ०। दोग्नि, वह दुहता है। दुग्ध:, वे दो दुहते हैं। दुहन्ति, वे दुहते हैं। धोक्षि, तू दुहता है। और आत्मनेपद में दुग्धे, वह दुहता है। दुहाते, वे दो दुहते हैं। दुहते, वे दुहते हैं। धुक्षे, तू दुहता है। दुहाथे, तुम दो दुहते हो। धुग्ध्वे, तुम दुहते हो। दुहे, मैं दुहता हूँ। दुह्वहे, हम दो दुहते हैं। दुह्महे, हम दुहते हैं। दुदोह या दुदुहे, उसने दुहा। दोग्धा, वह दुहेगा। धोक्ष्यति या धोक्ष्यते, वह दुहेगा। दोग्धु, वह दुहे। दुग्धात्, ईश्वर करे कि वह दुहे। दुग्धाम्, वे दो दुहें। दुहन्तु, वे दुहें। दुग्धि, तू दुह। दुग्धात्, ईश्वर करे कि तू दुहे। दुग्धम्, तुम दो दुहो। दुग्ध, तुम दुहो। दोहानि, मैं दुहूं। दुग्धाम्, वह दुहे। दुहाताम्, वे दो दुहें। दुहताम्, वे दुहें। धुक्ष्व, तू दुह। दुहाथाम्, तुम दो दुहो। धुग्ध्वम्, तुम दुहो। दोहै, मैं दुहूं। दोहावहै, हम दो दुहें। दोहामहै, हम दुहें। अधोक्, उस ने दुहा। अदुग्धाम्, उन दो ने दुहा। अदुहन्, उन ने दुहा। अदोहम्, मैंने दुहा। अदुग्ध, उसने दुहा। अदुहाताम्, उन दो ने दुहा। अदुहत, उन ने दुहा। अधुग्ध्वम्, तुम ने दुहा। दुह्यात्, वह दुहे। दुहीत, वह दुहे।।

मू०–लिङ्सिचावात्मनेपदेषु। १/२/११।।

टी०–इक् के समीप जो हल् उस से परे लिङ् के स्थान में जो आदेश और आत्मनेपद है परे जिस से ऐसा जो सिच् सो यदि झलादि हों तो कित् होवें। इसलिये गुण नहीं होता। उ०। धुक्षीष्ट, ईश्वर करे कि वह दुहे।

मू०–शल इगुपधादनिट: क्स: ३/१/४५।।

टी०–जिस शलन्त धातु की उपधा इक् हो उस से परे जो अनिट् च्लि उसको क्स आदेश होगा। उ०–अधुक्षत्, उसने दुहा।

मू०–लुग्वा दुहदिहलिहगुहामात्मनेपदे दन्त्ये। ७/३/७३।।

टी०–दुहु दुहना। दिह् राशि करना। लिह् चाटना। और गुह् ढांपना। ये जो धातु हैं तिनके क्स का विकल्प करके लुक् होय जब ऐसा आत्मनेपद प्रत्यय परे हो कि उसके आदि में दन्तस्थानीय वर्ण रहे। उ०–अदुग्ध या अधुक्षत, उसने दुहा।

मू०–क्सस्याचि। ७/३/७२।।

टी०–क्स का लोप हो जब ऐसा आत्मनेपद प्रत्यय परे हो कि जिसके आदि में अच् रहे। उ०। अधुक्षाताम्, उन दो ने दुहा। अधुक्षन्त, उन ने दुहा। अदुग्धा: या

अधुक्षथाः, तू ने दुहा। अधुक्षाथाम्, तुम दो ने दुहा। अधुग्ध्वम् या अधुक्षध्वम्, तुम ने दुहा। अधुक्षि, मैं ने दुहा। अधुक्षावहि, हम दो ने दुहा। अधुक्षामहि, हम ने दुहा। अधोक्ष्यत् वा अधोक्ष्यत, जो वह दुहेगा।

इसी पूर्वोक्त रीति से दिह् धातु भी साधा जाता है।

इत्यदादयः

जुहोत्यादि गण

हु, यज्ञ करना या भक्षण करना

मू०–जुहोत्यादिभ्यः श्लुः। २/४/७५॥

टी०–जिनके आदि में हु है ऐसे धातुओं के आगे जो शप् उसका श्लु होता है।

मू०–श्लौ। ६/१/१०॥

टी०–जब श्लु का विषय हो तब धातु को द्वित्व होगा। उ०–जुहोति, वह यज्ञ करता है। जुहुतः, वे दो यज्ञ करते हैं।

मू०–अदभ्यस्तात्। ७/१/४॥

टी०–अभ्यस्तसंज्ञक धातु से परे जो झ् उसको अत् होगा।

मू०–हुश्नुवोः सार्वधातुके। ६/४/८७॥

टी०–हु धातु के, और श्नुप्रत्ययान्त जो अनेकाच् अङ्ग उसके, ऐसे उ को यण् हो कि जिसके पूर्व संयोग न रहे, और जिस से अजादि सार्वधतुक प्रत्यय परे हो। उ०–जुह्वति, वे यज्ञ करते हैं।

मू०–भीह्रीभृहुवां श्लुवच्च। ३/१/३९॥

टी०–भी डरना, ह्री लज्जित होना, भृ पालना, और हु, यज्ञ करना या भक्षण करना, ये जो धातु हैं उन से परे जब लिट् रहे तब आम् विकल्प करके होता है और श्लु के होने से जैसा कार्य होता है वैसा ही कार्य आम् के स्थापन करने पर भी होता है। उ०–जुहवांचकार या जुहाव, उस ने यज्ञ किया। होता, वह यज्ञ करेगा। होष्यति, वह यज्ञ करेगा। जुहोतु, वह यज्ञ करे। जुहुतात्, ईश्वर करे कि वह यज्ञ करे। जुहुताम्, वे दो यज्ञ करें। जुह्वतु, वे यज्ञ करें। जुहुधि, तू यज्ञ कर। जुहवानि, मैं यज्ञ करूँ। जुहवानि, मैं यज्ञ करूँ। अजुहोत्, उसने यज्ञ किया। अजुहुताम्, उन दो ने यज्ञ किया।

मू०—जुसि च। ७/३/८३।।

टी०—जिस जुस् के आदि में अच् हो सो जब परे रहे तब जिस अङ्ग के अन्त में इक् हो उसको गुण हो। उ०—अजुहवुः, उन ने यज्ञ किया। जुहुयात्, वह यज्ञ करे। हूयात्, ईश्वर करे कि वह यज्ञ क़रे। अहौषीत्, उस ने यज्ञ किया। अहोष्यत्, जो वह यज्ञ करेगा।

इति जुहोत्यादयः

दिवादि गण

अब दिवु, क्रीड़ा करना, विजय करने की इच्छा करना, व्यवहार करना, चमकना, स्तुति करना, आनन्द करना, उन्मत्त होना, सोना, इच्छा करना, और जाना।

मू०—दिवादिभ्यः श्यन्। ३/१/६९।।

टी०—दिव् आदि धातु से परे श्यन् हो। यह सूत्र शप् का अपवाद है।

मू०—हलि च। ८/२/७७।।

टी०—जब हल् परे रहे तब रेफान्त या वकारान्त धातु की उपधा जो इक् उसको दीर्घ होता है। उ०—दीव्यति, वह क्रीडा करता है। दिदेव, उसने क्रीड़ा की। देविता, वह क्रीड़ा करेगा। देविष्यति, वह क्रीड़ा करेगा। दीव्यतु, वह क्रीड़ा करे। अदीव्यत्, उसने क्रीड़ा की। दीव्येत्, वह क्रीड़ा करे। दीव्यात्, ईश्वर करे कि वह क्रीड़ा करे। अदेवीत्, उस ने क्रीड़ा की। अदेविष्यत्, जो वह क्रीड़ा करेगा।

इति दिवादयः

स्वादि गण

षुञ्, नहलाना, सोम को कूटना, नहाना, और मद्य बनाना।

मू०—स्वादिभ्यः श्नुः। ३/१/७३।।

टी०—सु आदि धातु से परे श्नु हो। यह सूत्र शप् का अपवाद है। उ०—सुनोति, वह नहलाता है। सुनुतः, वे दो नहलाते हैं। सुन्वन्ति, वे नहलाते हैं। इस उदाहरण में हुश्नुवोः सार्वधातुके इस सूत्र करके उकार के स्थान में यण् हुआ। सुन्वः वा सुनुवः, हम दो नहलाते हैं। सुनुते, वह नहलाता है। सुन्वते, वे दो नहलाते हैं। सुन्वते, वे नहलाते हैं। सुन्वहे या सुनुवहे, हम दो नहलाते हैं। सुषाव या सुषुवे, उस ने नहलाया।

सोता, वह नहलावेगा। सोष्यति या सोष्यते, वह नहलावेगा। सुनोतु, वह नहलावे। सुनुतात्, ईश्वर करे कि वह नहलावे। सुनुताम्, वे दो नहलावें। सुन्वन्तु, वे नहलावें।

मू०—उतश्च प्रत्ययादसंयोगपूर्वात्। ६/४/१०६।।

टी०—जिसके पूर्व संयोग न हो ऐसा जो प्रत्यय का उकार तिस से परे जो हि तिसका लुक् हो। उ०—सुनु, तू नहला। सुनवानि, मै। नहलाऊं। सुनवै, मैं नहलाऊं। असुनोत्, उसने नहलाया। असुनुताम्, उन दो ने नहलाया। असुन्वन्, उन ने नहलाया। असुनोः, तू ने नहलाया। असुनुतम्, तुम दो ने नहलाया। असुनुत, तुम ने नहलाया। असुनवम्, मैंने नहलाया। असुन्व या असुनुव, हम दो ने नहलाया। असुन्म या असुनुम, हम ने नहलाया। असुनुत, उसने नहलाया। असुन्वाताम्, उन दो ने नहलाया। असुन्वत, उन ने नहलाया। सुनुयात्, वह नहलावे।

मू०—उस्यपदान्तात्। ६/१/९६।।

टी०—जब अपदान्त अवर्ण से उस् परे रहे तब पूर्व और पर के स्थान में पररूप हो। उ०—सुनुयुः, वे नहलावें। सुनुयाः, तू नहलावे। सुनुयातम्, तुम दो नहलाओ। सुनुयात, तुम नहलाओ। सुनुयाम्, मैं नहलाऊं। सुयाव, हम दो नहलावें। सुनुयाम, हम नहलावें। सुन्वीत, वह नहलावे। सुन्वीयाताम्, वे दो नहलावें। सुन्वीरन्, वे नहलावें। सूयात् या सोषीष्ट, ईश्वर करे कि वह नहलावे।

मू०—स्तुसुधूञ्भ्यः परस्मैपदेषु। ७/२/७२।।

टी०—स्तु स्तुति करना, सु नहलाना आदि, और धू कांपना, इन धातुओं से परे जो सिच् उसको इट् आगम हो जब परस्मैपद प्रत्यय परे रहे। उ०—असावीत् या असोष्ट, उस ने नहलाया। असोष्यत् या असोष्यत, वह नहलावेगा।

इति स्वादयः

तुदादि गण

तुद्—पीड़ा देना

मू०—तुदादिभ्यः शः। ३/१/७७।।

टी०—तुद् आदि धातु से परे श प्रत्यय होता है। यह श प्रत्यय शप् का अपवाद है। उ०—तुदति या तुदते, वह पीड़ा देता है। तुतोद, उस ने पीड़ा दी। तुतोदिथ, तू ने पीड़ा दी। तुतुदे, उसने पीड़ा दी। तोत्ता, वह पीड़ा देगा। तोत्स्यति या तोत्स्यते, वह पीड़ा देगा। तुदतु या तुदताम्, वह पीड़ा देवे। अतुदत् या अतुदत, उस ने पीड़ा दी।

तुदेत् या तुदेत, वह पीड़ा देवे। तुद्यात् या तुत्सीष्ट, ईश्वर करे कि वह पीड़ा देवे। अतौत्सीत् या अतुत्त, उसने पीड़ा दी। अतोत्स्यत् या अतोत्स्यत, यदि वह पीड़ा देगा।।

इति तुदादयः

रुधादि गण

रुधिर्–रोकना या घेरना

मू०–इर इत्संज्ञा वाच्या।।

टी०–वार्तिककार को यह इष्ट है कि इद् की इत्संज्ञा हो।

मू०–रुधादिभ्यः श्नम्। ३/१/७८।।

टी०–रुध् आदि धातु से परे श्नम् होता है। यह सूत्र शप् का अपवाद है। उ०–रुणद्धि, वह घेरता है।

मू०–श्नसोरल्लोपः। ६/४/१११।।

टी०–श्नम् प्रत्यय के और अस् धातु के अकार का लोप होता है जब कित् या ङित् सार्वधातुक परे रहे। उ०। रुन्द्धः, वे दो घेरते हैं। रुन्धन्ति, वे घेरते हैं। रुणत्सि, तू घेरता है। रुन्द्धः, तुम दो घेरते हो। रुन्द्ध, तुम घेरते हो। रुणध्मि, मैं घेरता हूँ। रुन्ध्वः, हम दो घेरते हैं। रुन्ध्मः, हम घेरते हैं। आत्मनेपद विषे रुन्द्धे, वह घेरता है। रुन्धाते, वे दो घेरते हैं। रुन्धते, वे घेरते हैं। रुन्त्से, तू घेरता है। रुन्धाथे, तुम दो घेरते हो। रुन्द्धे, तुम घेरते हो। रुन्धे, मैं घेरता हूँ। रुन्ध्वहे, हम दो घेरते हैं। रुनध्महे, हम घेरते हैं। रुरोध या रुरुधे, उस ने घेरा। रोद्धा, वह घेरेगा। रोत्स्यति या रोत्स्यते, वह घेरेगा। रुणद्ध, वह घेरे। रुन्द्धात्, ईश्वर करे कि वह घेरे। रुन्द्धाम्, वे दो घेरें। रुन्धन्तु, वे घेरें। रुन्द्धि, तू घेर। रुणधानि, मैं घेरूं। रुणधाव, हम दो घेरें। रुणधाम, हम घेरें। रुन्द्धाम्, वह घेरें। रुन्धाताम्, वे दो घेरें। रुन्धताम्, वे घेरें। रुन्त्स्व, तू घेर। रुन्धाथाम्, तुम दो घेरो। रुन्द्धवम्, तुम घेरो। रुणधै, मैं घेरूं। रुणधावहै, हम दो घेरें। रुणधामहै, हम घेरें। अरुणत् या अरुणद्, उस ने घेरा। अरुन्द्धाम्, उन दो ने घेरा। अरुन्धन्, उन ने घेरा।

मू०–दश्च। ८/२/७५।।

टी०–धातु के पदान्त दकार को विकल्प करके रु हो सिप् परे रहते। फिर रेफ को विसर्ग होने से, अरुणः, पक्ष में अरुणत्, तू ने घेरा। अरुन्द्धम्, तुम दो ने घेरा।

अरुन्द्ध, तुम ने घेरा। अरुणधम्, मैंने घेरा। अरुन्द्ध, उसने घेरा। अरुन्धाताम्, उन दो ने घेरा। अरुन्धत, उन ने घेरा। रुन्ध्यात् या रुन्धीत्, वह घेरे। रुध्यात् या रुत्सीष्ट, लिङ्सिचावात्मनेपदेषु इस करके कित् हुआ इसी से गुण नहीं हुआ, ईश्वर करे कि वह घेरे।

मू०–इरितो वा। ३/१/५७।।

टी०–जिस धातु का इर् इत्संज्ञक हो उससे परे जो च्लि उसको विकल्प करके अङ् हो परस्मैपद परे रहते। उ०–अरुधत् या अरौत्सीत् या अरुत्त, उसने घेरा। अरोत्स्यत् या अरोत्स्यत, जो वह घेरेगा।

भिदिर् तोड़ना, छिदिर् दो टूक करना, और युजिर् मिलना, ये धातु भी रुध् धातु के सदृश साधे जाते हैं परंतु युज् में परसवर्णांश में भेद पड़ता है।।

इति रुधादयः

तनादि गण

तनु–विस्तार करना

मू०–तनादिकृञ्भ्य उः। ३/१/७९।।

टी०–तन् आदि धातु और कृ धातु से परे उ प्रत्यय होता है। यह सूत्र शप् का अपवाद है। उ०–तनोति या तनुते, वह विस्तार करता है। ततान या तेने, उसने विस्तार किया। तनितासि या तनितासे, तू विस्तार करेगा। तनिष्यति या तनिष्यते, वह विस्तार करेगा। तनोतु या तनुताम्, वह विस्तार करे। अतनोत् या अतनुत, उसने विस्तार किया। तनुयात् या तन्वीत, वह विस्तार करे। तन्यात् या तनिषीष्ट, ईश्वर करे कि वह विस्तार करे। अतनीत् या अतानीत्, उसने विस्तार किया।

मू०–तनादिभ्यस्तथासोः। २/४/७९।।

टी०–तन् आदि धातु से परे जो सिच् तिसका लुक् विकल्प करके होय जब त या थास् प्रत्यय परे हो। उ०–अतत या अतनिष्ट, उसने विस्तार किया। अतथाः या अतनिष्ठाः, तू ने विस्तार किया। अतनिष्यत् या अतनिष्यत, जो वह विस्तार करेगा।

डुकृञ् करना। उ०–करोति, वह करता है।

मू०–अत उत् सार्वधातुके। ६/४/११०।।

टी०–उ प्रत्ययान्त कृ धातु के, अर्थात् करु के अकार को उकार होगा जब कित् या ङित् सार्वधातुक प्रत्यय परे हो। उ०–कुरुतः, वे दो करते हैं।

मू०–न भकुर्छुराम्। ८/२/७९।।

टी०–भसंज्ञक की और कृ धातु की उपधा को दीर्घ न हो। उ०–कुर्वन्ति, वे करते हैं।

मू०–नित्यं करोतेः। ६/४/१०८।।

टी०–कृ धातु से परे जो प्रत्ययरूप उकार उसका लोप नित्य हो जब ब् या म् परे हो। उ०–कुर्वः, हम दो करते हैं। कुर्मः, हम करते हैं। कुरुते, वह करता है। चकार वा चक्रे, उसने किया। कर्ता, वह करेगा।

मू०–ऋद्धनोः स्ये। ७/२/७०।।

टी०–ऋदन्त धातु और हन् धातु से परे जो स्य उसको इट् आगम हो। उ०–करिष्यति या करिष्यते, वह करेगा। करोतु या कुरुताम्, वह करे। अकरोत् या अकुरुत, उसने किया।

मू०–ये च। ६/४/१०९।।

टी०–कृ धातु से परे जो उ प्रत्यय उसका लोप होगा यकारादि प्रत्यय जब परे रहे। उ०–कुर्यात् या कुर्वीत, वह करे।।

मू०–रिङ् शयग्लिङ्क्षु। ७/४/२८।।

टी०–ऋकार को रिङ् हो जब श या यक् अथवा यकारादि आर्धधातुकलिङ् परे रहे। उ०–क्रियात्, ईश्वर करे कि वह करे।

मू०–उश्च। १/२/१२।।

टी०–ऋवर्ण से परे जो झलादि लिङ् या तङ है परे जिस से ऐसा जो सिच् सो कित् होवे। उ०–कृषीष्ट, ईश्वर करे कि वह करे। अकार्षीत् उस ने किया।

मू०–ह्रस्वादङ्गात्। ८/२/२७।।

टी०–ह्रस्व अङ्ग से परे जो सिच् उसका लोप होगा झल् परे रहते। उ०–अकृत, उस ने किया। अकरिष्यत् या अकरिष्यत, जो वह करेगा।

मू०–सम्परिभ्यां करोतौ भूषणे। ६/१/१३७।।

टी०–भूषण अर्थ में जब सम् या परि उपसर्ग से परे कृ धातु हो तब उसको सुट् आगम होगा।

मू०–समवाये च। ६/१/१३८॥

टी०–समूह अर्थ में भी सुट् आगम होता है। उ०–संस्करोति, वह अलंकृत करता है। संस्कुर्वन्ति, वे इकट्ठे होते हैं। कृ धातु से पूर्व जो सम् उपसर्ग रहे तो कभी-कभी भूषण अर्थ से भिन्न अर्थ में भी सुट् आगम होता है। यह बात संस्कृतं भक्षा इस सूत्र के संस्कृतं इस पद में सुट् आगम के देखने से जानी जाती है क्योंकि इस सूत्र में संस्कृत यह जो शब्द है उसका अर्थ यह है कि संस्कार किया गया न कि भूषित।

इति तनादयः

क्र्यादि गण

डुक्रीञ्–अपना द्रव्य देकर अन्य का द्रव्य लेना

मू०–क्र्यादिभ्यः श्ना। ३/१/८१॥

टी०–क्री आदि धातु से परे श्ना प्रत्यय होगा। यह सूत्र शप् का अपवाद है। उ०–क्रीणाति, वह मोल लेता है।

मू०–ई हल्यघोः। ६/४/११३॥

टी०–घु से भिन्न अभ्यस्तसंज्ञक जो धातु उसके और श्ना के आकार को ईकार हो जब हलादि कित् या ङित् सार्वधातुक प्रत्यय परे रहे। उ०–क्रीणीतः, वे दो मोल लेते हैं।

मू०–श्नाभ्यस्तयोरातः। ६/४/११२॥

टी०–श्ना प्रत्यय के और अभ्यस्तसंज्ञक धातु के आकार का लोप होगा जब कित् या ङित् सार्वधातुक प्रत्यय परे हो। उ०–क्रीणन्ति, वे मोल लेते हैं। क्रीणासि, तू मोल लेता है। क्रीणीथः, तुम दो मोल लेते हो। क्रीणीथ, तुम मोल लेते हो। क्रीणामि, मैं मोल लेता हूँ। क्रीणीवः, हम दो मोल लेते हैं। क्रीणीमः, हम मोल लेते हैं। क्रीणीते, वह मोल लेता है। क्रीणाते, वे दो मोल लेते हैं। क्रीणते, वे मोल लेते हैं। क्रीणीषे, तू मोल लेता है। क्रीणाथे, तुम दो मोल लेते हो। क्रीणीध्वे, तुम मोल लेते हो। क्रीणे, मैं मोल लेता हूँ। क्रीणीवहे, हम दो मोल लेते हैं। क्रीणीमहे, हम मोल लेते हैं। चिक्राय, उस ने मोल लिया। चिक्रियतुः, उन दो ने मोल लिया। चिक्रियुः, उन ने मोलि लिया। चिक्रेथ या चिक्रयिथ, तू ने मोल लिया। चिक्रिये, उस ने मोल लिया।

क्रेता, वह मोल लेगा। क्रेष्यति या क्रेष्यते, वह मोल लेगा। क्रीणातु, वह मोल ले। क्रीणीतात्, ईश्वर करे कि वह मोल ले। क्रीणीताम्, वह मोल ले। अक्रीणात् या अक्रीणीत, उसने मोल लिया। क्रीणीयात् या क्रीणीत वह मोल ले। क्रीयात् या क्रषीष्ट, ईश्वर करे कि वह मोल ले। अक्रैषीत् या अक्रेष्ट, उसने मोल लिया। अक्रष्यत् या अक्रेष्यत, जो वह मोल लेगा।

प्रीञ्, तृप्त करना या शोभित होना। उ०–प्रीणाति या प्रीणीते, वह तृप्त करता है।

इति क्रयादयः

चुरादि गण

चुर्–चोरी करना

मू०–सत्यापपाशरूपवीणातूलश्लोकसेनालोमत्वचवर्मवर्ण-चूर्णचुरादिभ्यो णिच्। ३/१/२५।।

टी०–सत्याप, अर्थात् आपुक्सहित सत्य शब्द, पाश फांसी, रूप आकार, वीणा चौतारा बीन, तूल रुई, श्लोक, श्लोक या यश, सेना सेना, लोमन् रोम, त्वच् खाल, वर्मन् कवच, वर्ण वर्ण, और चूर्ण चूरन, इन शब्दों से और चुर् आदि धातुओं से परे स्वार्थ में णिच् प्रत्यय होता है। णिच् के जोड़ देने से और लघूपधनिमित्तक गुण होने से चुर् का रूप चोरि हो जाता है और फिर लट् के आने से अगला रूप बनता है। उ०। चोरयति, वह चुराता है।

मू०–णिचश्च। १/३/७४।।

टी०–जब क्रिया का फल कर्ता को पहुँचता हो तब णिच्प्रत्ययान्त से परे आत्मनेपद प्रत्यय किये जाये। उ०–चोरयते, वह अपने लिये चुराता है। चोरयामास, उसने चुराया। चोरयिता, वह चुरायेगा।

मू०–णेरनिटि। ६/४/५१।।

टी०–जब अनिट्, अर्थात् इट्रहित आर्धधातुक, परे हो तब णिच् का लोप होता है। उ०। चोर्यात् वा चोरयिषीष्ट, ईश्वर करे कि वह चुराये।

मू०–णिश्रिद्रुस्रुभ्यः कर्तरि चङ्। ३/१/४८।।

टी०–श्री, द्रु, स्रु, और णिजन्त, धातु से परे जो च्लि तिसको चङ् हो जब कर्ता अर्थ का कहने वाला लुङ् परे हो। उ०–अचोर्+इ+अ+त्। तब

मू०–णौ चङ्युपधाया ह्रस्वः। ७/४/१।।

टी०–जिस अङ्ग से परे णि हो और णि के आगे चङ् हो उस अङ्ग की उपधा को ह्रस्व होता है। उ०–अचुर्+इ+अ+त् ऐसा हुआ। तब

मू०–चङि। ६/१/११।।

टी०–जब चङ् परे हो तब अनभ्यास धातु का अवयव जो एकाच् प्रथम भाग उसको द्वित्व हो, पर यदि धातु अजादि हो तो द्वितीय एकाच् भाग को द्वित्व हो। इस सूत्र के लगाने से अचुर्+चुर्+अ+त् ऐसा हुआ। तब

मू०–सन्वल्लघुनि चङ्परेऽनग्लोपे। ७/४/९३।।

टी०–चङ्परक णि जिस अङ्ग से परे हो उसके लघुपरक अभ्यास को जैसा कार्य सन् परे रहते होता है वैसा हो जो णिनिमित्त मानके अक् प्रत्याहारगत वर्ण का लोप न हुआ हो।

मू०–दीर्घो लघोः। ७/४/९४।।

टी०–अभ्यास के लघु को दीर्घ हो सन्वद्भाव के विषय में। इसके लगने से अचू+चुर्+अ+त् ऐसा हुआ। तब अचूचुरत् या अचूचुरत, उस ने चुराया।

इति चुरादयः

णिजन्तप्रक्रिया

मू०–स्वतन्त्रः कर्ता। १/४/५४।।

टी०–किसी क्रिया में जिसकी स्वतन्त्रता से विवक्षा हो कि यह क्रिया का करने वाला है सो कर्तृसंज्ञक होता है।

मू०–तत्प्रयोजको हेतुश्च। १/४/५५।।

टी०–कर्ता का प्रेरणा करने वाला जो है सो हेतुसंज्ञक और कर्तृसंज्ञक कहलाएगा।

मू०–हेतुमति च। ३/१/२६।।

टी०–जब कराने वाले का व्यापार, अर्थात् प्रेरणा, अध्येषणा, और विज्ञापना, इनमें से किसी प्रकार की प्रेरणा प्रकाश करनी हो तब धातु से परे णिच् स्थापन किया जाये। निकृष्ट को प्रेरण करना प्रेरणा कहलाती है। सत्कारपूर्वक गुरु आदि को प्रेरण करना अध्येषणा कहलाती है। और प्रार्थनापूर्वक प्रभु को प्रेरण करना विज्ञापना कहलाती है। उ०–भावयति, वह होने वाले को प्रेरण करता है।

मू०–ओः पुयण्ज्यपरे। ७/४/८०।।

टी०–जिस अङ्ग से परे सन् हो उसका अवयव जो अभ्यास उसके उकार को इकार हो जब अवर्णपरक पवर्ग का यण् या जकार परे रहे। अबीभवत्, उसने होने वाले को प्रेरणा की।

इति णिजन्तप्रक्रिया

सन्नन्तप्रक्रिया

मू०–धातोः कर्मणः समानकर्तृकादिच्छायां वा। ३/१/७।।

टी०–जब क्रिया का कर्ता और इच्छा करने वाला दोनों एक ही हों, अर्थात् भिन्न हों, तब जो क्रिया करने को इष्ट हो वह जिस धातु से प्रकाश की जाये उस धातु से परे इच्छा अर्थ में सन् प्रत्यय विकल्प करके स्थापन किया जाये यदि वह धातु इच्छारूपी क्रिया का कर्म हो। पढ़ने अर्थ में पठ धातु।

मू०–सन्यङो। ६/१/९।।

टी०–सन्प्रत्ययान्त और यङ्प्रत्ययान्त धातु के एकाच् प्रथम भाग को द्वित्व हो परन्तु प्रथम भाग के आदि में जो अच् हो तो द्वितीय एकाच् भाग को द्वित्व होगा।

मू०–सन्यतः। ७/४/७९।।

टी०–अभ्यास के अंकार को इकार होगा सन् प्रत्यय परे रहते। उ०–पिपठिषति, वह पढ़ने की इच्छा करता है। यदि वह धातु इच्छारूपी क्रिया का कर्म हो ऐसा क्यों कहा। तो देखो गमनेनेच्छति, गमन से कुछ करने की इच्छा करता है। इस वाक्य में गमनरूप जो क्रिया है सो इच्छारूपी क्रिया का कर्म नहीं है किंतु करण है इसीलिये सन् प्रत्यय नहीं हुआ। जब क्रिया का कर्ता और इच्छा करने वाला दोनों एक ही हों यह क्यों कहा। तो देखो शिष्याः पठन्त्वितीच्छति गुरुः, गुरु की इच्छा है कि शिष्य पढ़ें। इस वाक्य में पठनरूप क्रिया का कर्ता जो शिष्य हैं और इच्छा करने वाला जो गुरु है सो एक ही नहीं किंतु भिन्न हैं। या ग्रहण करने से यह जाना जाता है कि सन्प्रत्ययान्त का अर्थ एक वाक्यान्तर से भी प्रकाश किया जायेगा। इससे यह सिद्ध हुआ कि पिपठिषति इत्यादि वाक्यों के अर्थ में पठितुमिच्छति इत्यादि वाक्यान्तर भी होते हैं।

इति सन्नन्ताः

यङन्तप्रक्रिया

मू०—धातोरेकाचो हलादेः क्रियासमभिहारे यङ्। ३/१/२२।।

टी०—जब क्रिया का बार-बार करना या उसकी अत्यन्तता प्रकाश करनी हो तब हल् जिसके आदि में हो ऐसे एकाच् धातु से परे यङ् होता है।

मू०—गुणो यङ्लुकोः। ७/४/८२।।

टी०—अभ्यास को गुण होगा जब यङ् परे हो अथवा यङ् का लुक् हुआ हो। यङ् ङित् है इसलिये जिस धातु से यह प्रत्यय होता है उससे आत्मनेपद प्रत्यय होते हैं। उ०—बोभूयते, वह बार-बार या अतिशय करके होता है। बोभूयांचक्रे, वह बार-बार हुआ। अबोभूयिष्ट, वह बार-बार हुआ।

।। इति यङन्तप्रक्रिया।।

यङ्लुगन्तप्रक्रिया

मू०—यङोऽचि। २/४/७४।।

टी०—जब अच् प्रत्यय परे हो तब यङ् का लुक् होता है। सूत्र में च जो है उस से यह बोध अभिमत है कि उस प्रत्यय के बिना भी कहीं-कहीं लुक् होता है। यह लुक् जो अच् प्रत्यय के बिना भी कहीं-कहीं होता है इसलिये अनैमित्तिक कहलाता है क्योंकि इसके होने के लिये कोई निमित्त नहीं चाहिए। यह लुक् अन्तरङ्ग है क्योंकि इसको किसी निमित्त के आश्रयण का आग्रह नहीं रहता इसलिये पहले ही होता है। फिर यङ् के लोप हो जाने पर भी प्रत्ययलोपे प्रत्ययलक्षणम्, इस सूत्र के अनुसार यङन्त मानने से द्वित्व होता है और अभ्यास को यथासंभव अभ्यास के कार्य होते हैं। यङन्त को धातुसंज्ञा होती है इसलिये उससे लट् आदि प्रत्यय होते हैं। शेषात् कर्तरि परस्मैपदम्, इसके अनुसार परस्मैपद प्रत्यय स्थापन किये जाते हैं। चर्करीतं च, सूत्र में हम कह आये हैं कि यङ्लुगन्त भी अदादि गण ही गिना जाता है इससे यह सिद्ध हुआ कि अदादित्वप्रयुक्त शप् का लुक् भी होता है।

मू०—यङो वा। ७/३/९४।।

टी०—जिस धातु के यङ् का लुक् हुआ हो उस से परे जो हलादि पित् सार्वधातुक ईट् आगम विकल्प करके होता है। लोक में, अर्थात् वेद को छोड़कर अन्य शास्त्र में, जहाँ यङ् का लुक् होता है वहाँ भूसुवोस्तिङि यह सूत्र जो गुण का निषेध करने वाला

है सो नहीं लगता। यह बात इस से अनुमान की गई है कि बोभूतु इस वेद के प्रयोग में गुण न हो इसलिये बोभूतु तेतिक्ते इस सूत्र करके वेद में निपातन किया है और यदि निषेध लग सकता तो बोभूतु इस पद में उसी निषेध से गुण का अभाव सिद्ध था फिर गुण के न लगने के लिये उस पद के निपातन करने का कुछ प्रयोजन न था इससे यह जान पड़ता है कि यङ्लुगन्त में भूसुवोस्तिङि के लगने का तात्पर्य नहीं है इस कारण यङ्लुगन्त प्रयोग में गुण का अभाव हुआ। उ०–बोभवीति या बोभोति, वह बारम्बार होता है। बोभूतः, वे दो बार–बार होते हैं। झ् को अत् करने से बोभुवति, वे बार–बार होते हैं। बोभवांचकार या बोभवामास, वह बार–बार हुआ। बोभविता, वह बार–बार होगा। बोभविष्यति, वह बार–बार होगा। बोभवीतु या बोभोतु, वह बार–बार हो। बोभूतात्, ईश्वर करे कि वह बार–बार हो। बोभूताम्, वे दो बार–बार हों। बोभुवतु, वे बार–बार हों। बोभूहि, तू बार–बार हो। बोभवानि, मैं बार–बार होऊं। अबोभवीत् या अबोभोत्, वह बार–बार हुआ। अबोभूताम्, वे दो बार–बार हुए। अबोभवुः, वे बार–बार हुए। बोभूयात्, वह बार–बार हो। बोभूयाताम्, वे दो बार–बार हों। बोभूयुः, वे बार–बार हों। बोभूयात्, ईश्वर करे कि वह बार–बार हो। बोभूयास्ताम्, ईश्वर करे कि वे दो बार–बार हों। बोभूयासुः, ईश्वर करे कि वे बार–बार हों। गातिस्था–इसके अनुसार लुङ् में सिच् का लुक् हुआ और यङो या इससे जिस पक्ष में ईट् आगम हुआ उस पक्ष में गुण को बाधके वुक् आगम होता है क्योंकि वुक् नित्य है इसलिये वह गुण से अधिक बलवान है। नित्य उस विधि को कहते हैं जो अपने विरोधी सूत्र की प्रवृत्ति के हो जाने पर भी उदाहरण में लग सकता हो। अबोभूवीत्, या अबोभोत्, वह बार–बार हुआ। अबोभूताम्, वे दो बार–बार हुए। अबोभूवुः, वे बार–बार हुए। अबोभविष्यत्, जो वह बार–बार होगा।

इति यङ्लुगन्ताः

नामधातुप्रक्रिया

मू०–सुप आत्मनः क्यच्। ३/१/८।।

टी०–इच्छा करने वाले का आत्मसम्बन्धी और इष् धातु का कर्म ऐसा जो सुबन्त तिस से परे इच्छा अर्थ में क्यच् प्रत्यय विकल्प करके स्थापन किया जाये।

जब कोई मनुष्य पुत्र की इच्छा करता है तब पुत्रवाचक जो शब्द है सो इष् धातु का कर्म है क्योंकि इष्, धातु का अर्थ इच्छा करना है इसका विषय पुत्र हो रहा है और इच्छा करने वाले का आत्मसम्बन्धी भी है क्योंकि उस मनुष्य को अपने लिये पुत्र होने की इच्छा होती है न कि दूसरे किसी के लिये।

मू०–सुपो धातुप्रातिपदिकयोः। २/४/७१॥

टी०–सुप् का लुक् हो जब वह धातु का अथवा प्रातिपदिक का अवयव हो।

मू०–क्यचि च। ७/४/३३॥

टी०–जब क्यच् परे रहे तब अवर्ण के स्थान में ई होती है। उ०–पुत्रीयति, वह अपने लिये पुत्र की इच्छा करता है।

मू०–काम्यच् च। ३/१/९॥

टी०–उक्त विषय में काम्यच् प्रत्यय होता है। पुत्रकाम्यति, वह पुत्र की इच्छा करता है। पुत्रकाम्यिता, वह पुत्र की इच्छा करेगा।

मू०–उपमानादाचारे। ३/१/१०॥

टी०–उपमानवाचक जो कर्मसंज्ञक सुबन्त उस से परे आचरण अर्थ में क्यच् होगा। पुत्रीयति छात्रम्, वह छात्र को पुत्र के सदृश मानता है। विष्णूयति द्विजम्, वह ब्राह्मण को विष्णु के तुल्य मानता है।

इति नामधातवः

कण्ड्वादि गण

खुजलाने अर्थ में कण्डूञ् धातु

मू०–कण्ड्वादिभ्यो यक्। ३/१/२७॥

टी०–कण्डूञ् आदि धातुओं से परे स्वार्थ में यक् प्रत्यय होता है। उ०–कण्डूयति या कण्डूयते, वह खुजलाता है, इत्यादि।

इति कण्डवादयः

आत्मनेपदप्रक्रिया

मू०–कर्तरि कर्मव्यतिहारे। १/३/१४॥

टी०–जब क्रिया का व्यत्यास प्रकाश करना हो तब कर्ता अर्थ में आत्मनेपद प्रत्यय होता है। उ०–व्यतिलुनीते, काटना जो दूसरे का उचित काम था सो वह करता है।

मू०–नेर्विशः। १/३/१७॥

टी०–निपूर्वक जो विश् धातु उस से परे आत्मनेपदसंज्ञक प्रत्यय स्थापन किया जाये। उ०–निविशते, वह भीतर प्रवेश करता है।

मू०–विपराभ्यां जेः। १/३/१९।।

टी०–जिस धातु से परे आत्मनेपदसंज्ञक प्रत्यय होगा जो वह वि अथवा परा उपसर्ग से परे हो। उ०–विजयते, वह विजय करता है। पराजयते, वह पराजय करता है।

इत्यात्मनेपदप्रक्रिया

परस्मैपदप्रक्रिया

मू०–व्याङ्परिभ्यो रमः। १/३/८३।।

टी०–वि, आङ्, और परि, इन से परे जो रम् धातु उस से परे परस्मैपद होती है। रम् क्रीडा करना। उ०। विरमति, वह निवृत्त होता है।

इति परस्मैपदप्रक्रिया

भाव कर्म प्रक्रिया

मू०–भावकर्मणोः। १/३/१३।।

टी०–जब भाव या कर्म अर्थ में लकार का लाना अभिमत हो तब धातु से परे आत्मनेपद प्रत्यय होगा।

मू०–सार्वधातुके यक्। ३/१/६७।।

टी०–धातु से परे यक् प्रत्यय हो जब भाव या कर्म का वाचक सार्वधातुक परे रहे। भाव क्रिया को कहते हैं और वह क्रिया भाव अर्थ के लकार से अनुवाद की जाती है ऐसी अवस्था में लकार के स्थान में प्रथम पुरुष ही आता है मध्यम और उत्तम पुरुष नहीं आते क्योंकि जब भाव में लकार होता है तब लकार का अर्थ तो भाव ही है कर्ता और कर्म बोधित नहीं होते इस कारण समान अधिकरण युष्मद् अस्मद् शब्द का नहीं है। द्रव्यवाचक ही से द्विवचन या बहुवचन हो सकता है परंतु यहाँ तिङ्वाच्यक्रिया में द्रव्यत्व नहीं है इसलिये द्वित्व आदि की प्रतीति नहीं होती इसी कारण से द्विवचन या बहुवचन प्रत्यय नहीं स्थापन किया जाता किंतु एकवचन होता है क्योंकि जहाँ द्वित्व आदि संख्या की प्रतीति नहीं होती वहाँ स्वभाव से एकवचन ही

होता है। द्रव्य उसे कहते हैं जिसमें लिङ्ग और संख्या ये दो रहते हैं। उ०–त्वया मया अन्यैश्च भूयते, तुम हम और इतर लोग होते हैं, अर्थात् तू होता है मैं होता हूँ और अन्य पुरुष होते हैं। बभूवे, वह हुआ।

मू०–स्यसिच्सीयुट्तासिषु भावकर्मणोरुपदेशेऽज्झनग्रहदृशां या चिण्वदिट् च। ६/४/६२।।

टी०–जब स्य, सिच्, सीयुट्, अथवा तासि, परे हो तब जो धातु उपदेश में अजन्त हैं उनको और हन्, ग्रह, दृश्, इन धातुओं को अङ्गसंज्ञाप्रयुक्त कार्य विकल्प करके हो जैसे चिण् प्रत्यय परे रहते होते हैं, और स्य आदि प्रत्यय को इट् आगम भी होता है जब लकार भाव में या कर्म में हुआ हो। यह इट् आगम उस पक्ष में होता है जिसमें चिण्वद्भाव होता है। चिण्वद्भाव के होने से वृद्धि भी होती है। उ०। भाविता या भविता, वह होगा। भाविष्यते या भविष्यते, वह होगा। भूयताम्, वह होय। अभूयत, वह हुआ। भाविषीष्ट वा भविषीष्ट, ईश्वर करे कि वह हो।

मू०–चिण् भावकर्मणोः। ३/१/६६।।

टी०–च्लि को चिण् हो जब भाव का कर्म वाचक त प्रत्यय परे रहे। उ०–अभावि, वह हुआ। अभाविष्यत या अभविष्यत, जो वह हेगा। अकर्मक धातु भी उपसर्ग के संयोग से सकर्मक हो जाता है। अनुभूयते आनन्दश्चैत्रेण त्वया मया च, चैत्रनामक पुरुष से तुझ से और मुझ से आनन्द अनुभव किया जाता है। अनुभूयन्ते, चैत्रनामक पुरुष से तुझ से और मुझ से बहुत आनन्द अनुभव किये जाते हैं। त्वम् अनुभूयसे, किसी से तू अनुभव किया जाता है। अहम् अनुभूये, किसी से मैं अनुभव किया जाता हूँ। अन्वभावि, किसी से वह अनुभव किया गया। अन्वभाविषाताम् वा अन्वभविषाताम्, किसी से वे दो अनुभव किये गये। णि के लोप होने से भाव्यते, उस से वह हो आया जाता है। भावयांचक्रे या भावयांबभूवे या भावयामासे, किसी से वह हो आया गया। जब चिण्वद्भाव होता है तब इट् आगम होता है इसलिये भाविता, किसी से वह हो आया जायेगा। इस उदाहरण में इट् की असिद्धता से णि का लोप हुआ है। दूसरे पक्ष में भावयिता, किसी से वह हो आया जायेगा। भावयिषीष्ट, ईश्वर करे कि किसी से वह हो आया जाये। अभावि, किसी से वह हो आया गया। अभाविषाताम् या अभावयिषाताम्, किसी से वे दो हो आये गये। बुभूष्यते, वह होने की इच्छा करता है। बुभूषांचक्रे, उस ने होने की इच्छा की। बुभूषिता, वह होने की इच्छा करेगा। बुभूषिष्यते, वह होने की इच्छा करेगा। बोभूय्यते, वह बार-बार होता है। बोभूयिष्यते, वह बार-बार होगा।

इति भावकर्मप्रक्रिया

कर्मकर्तृप्रक्रिया

मू०–यदा कर्मैव कर्तृत्वेन विवक्षितं तदा सकर्मकाणामप्य-कर्मकत्वात् कर्तरि भावे च लकारः।।

टी०–जब कर्म ही को कर्ता मानने की इच्छा हो तब सकर्मक धातु भी अकर्मक हो जाते हैं और उन अकर्मक धातुओं से परे कर्ता या भाव अर्थ में लकार होते हैं।

मू०–कर्मवत् कर्मणा तुल्यक्रियः। ३/१/८७।।

टी०–कर्मस्थित जो क्रिया का फल उसके तुल्य फल जिस कर्ता में हो सो कर्ता कर्म से सदृश होता है, अर्थात् उसको कर्म के कार्य होंगे। इस लिये यक्, आत्मनेपदप्रत्यय, च्लि के स्थान में चिण्, चिण्वद्भाव, और इट्, होंगे। उ०–पच्यते फलम्, फल आप से पकता है। भिद्यते काष्ठम्, काठ आप से फटता है। अपाचि, वह आप से पका। अभेदि, वह आप से फटा। इन दोनों उदाहरणों में पक जाना और फट जाना ये क्रिया के फल जैसे कर्म में हैं वैसे ही कर्तृप्रत्ययान्त के प्रयोग विषे कर्म में रहते हैं, अर्थात् पक जाना और फट जाना जैसे फल और काष्ठरूप कर्म के होते हैं वैसे ही फल और काष्ठरूप कर्म कर्ता के भी होते हैं इसलिये कर्मस्थ क्रिया के फल के समान कर्तृस्थ क्रिया का फल हुआ।

इति कर्मकर्तृप्रक्रिया

लकारार्थप्रक्रिया

मू०–अभिज्ञावचने लृट्। ३/२/११२।।

टी०–अनद्यतनभूत अर्थ में धातु से परे लृट् होता है जब स्मरणवाचक कोई शब्द धातु का उपपद हो। यह सूत्र लङ् का अपवाद है। वस् धातु निवास करना। उ०–स्मरसि कृष्ण गोकुले वत्स्यामः, कृष्ण तुझ को स्मरण है कि हम लोग गोकुल में निवास करते थे। इसी प्रकार से बुध्यसे क्या तू स्मरण करता है, चेतयसे क्या तू चेत करता है, इत्यादि स्मरणवाचक प्रयोगों का योग रहते भी लृट् लकार ही होता है।

मू०–लट् स्मे। ३/२/११८।।

टी०–जब स्म यह उपपद रहे तब उसके योग में धातु से परे लट् होता है। यह सूत्र लिट् का अपवाद है। उ०–यजति स्म युधिष्ठिरः, युधिष्ठिर ने यज्ञ किया।

इति लकारार्थप्रक्रिया

कृदन्तप्रक्रिया

मू०–धातोः। ३/१/९१।।

टी०–अष्टाध्यायी में इस सूत्र से लेकर तीसरे अध्याय के अन्तपर्यन्त जिन प्रत्ययों का प्रसङ्ग होता है सो धातु से परे हैं। इन प्रत्ययों का कृदतिङ् इससे कृत्संज्ञा होती है।

मू०–वाऽसरूपोऽस्त्रियाम्। ३/१/९४।।

टी०–जो धातोः इस सूत्र के अधिकार में किसी प्रत्यय का दूसरा असदृश कोई प्रत्यय अपवाद हो तो वह स्त्री के अधिकार वालों को छोड़ उत्सर्ग को, अर्थात् बाध्य को, विकल्प करके बाधे।

मू०–कृत्याः। ३/१/९५।।

टी०–इस सूत्र से लेकर ण्वुल्तृचौ सूत्र के पूर्व तक जिन प्रत्ययों का प्रसङ्ग हो वे कृत्य कहलाते हैं।

मू०–कर्तरि कृत्। ३/४/६७।।

टी०–कृत्संज्ञक प्रत्यय कर्ता अर्थ में होता है। ऐसा पाया।

मू०–तयोरेव कृत्यक्तखलर्थाः। ३/४/७०।।

टी०–कृत्य, क्त, और खल्, अर्थ में होने वाले जो प्रत्यय सो भाव और कर्म ही अर्थ में हों।

मू०–तव्यत्तव्यानीयरः। ३/१/९६।।

टी०–तव्यत्, तव्य, और अनीयर्, ये प्रत्यय धातु से परे होते हैं। उ०–एधितव्यम् या एधनीयं त्वया, तुझे बढ़ना उचित है। यह उदाहरण भाव अर्थ में है इसलिये स्वभाव ही से एकवचन और नपुंसकलिङ्ग होता है। चेतव्यश्चयनीयो या धर्मस्त्वया, तुझे धर्मसंचय करना चाहिये।

मू०–अचो यत्। ३/१/९७।।

टी०–अजन्त धातु से परे यत् प्रत्यय होता है। उ०–चेयम्, संचय करने के योग्य है।

मू०–ईद्यति। ६/४/६५।।

टी०–आकार को ईकार होता है जब यत् प्रत्यय परे रहे। सार्वधातुकाधातुकयोः इस सूत्र से गुण होता है। उ०–देयम्, जो देने के योग्य है। ग्लेयम्, जो क्षय होने के योग्य है।

मू०–पोरदुपधात्। ३/१/९८।।

टी०–जिस पवर्गान्त धातु की उपधा अकार हो उस से परे यत् प्रत्यय होता है। उ०। शप्यम्, जो शप्तव्य है। लभ्यम्, जो प्राप्त करने के योग्य है।

मू०–एतिस्तुशास्वृदृजुषः क्यप्। ३/१/१०९।।

टी०–इण् जाना, ष्टु स्तुति करना, शास् शासन करना, वृ स्वीकार करना, दृ आदर करना, और जुष् सेवा अथवा प्रीति करना, इन धातुओं से परे क्यप् प्रत्यय हो।

मू०–ह्रस्वस्य पिति कृति तुक्। ६/१/७१।।

टी०–ह्रस्व को तुक् आगम होता है जब पित् कृत् प्रत्यय परे रहे। उ०–इत्यः, जो जाने के योग्य है। स्तुत्यः, जो स्तुति करने के योग्य है।

शास् धातु शासन करना।

मू०–शास इदङ्हलोः। ६/४/३४।।

टी०–शास्, धातु की उपधा को इकार होता है। जब अङ् प्रत्यय अथवा हलादि कित् या ङित् प्रत्यय परे रहे। उ०–शिष्यः, जो सिखलाये जाने के योग्य है। वृत्यः, जो स्वीकार करने के योग्य है। आदृत्यः, जो आदरणीय है। जुष्यः, जो सेवा करने के योग्य है।

मू०–ॠहलोर्ण्यत्। ३/१/१२४।।

टी०–ऋकारान्त या हलन्त, धातु से परे ण्यत् प्रत्यय होता है। उ०–कार्यम्, बनाने के योग्य। हार्यम्, हर लेने के योग्य। धार्यम्, धारण करने के योग्य।

मू०–चजोः, कु घिण्ण्यतोः। ७/३/५२।।

टी०–च् और ज् के स्थान में कवर्ग होता है जिस प्रत्यय का घकार इत्-संज्ञक हो सो या ण्यत् प्रत्यय जब परे रहे।

मू०–मृजेर्वृद्धिः। ७/२/११४।।

टी०–मृज् धातु के इक् को वृद्धि होगी जब सार्वधातुक वा आर्धधातुक प्रत्यय परे रहे। उ०–मार्ग्यः, शुद्ध करने के योग्य।।

मू०–भोज्यं भक्ष्ये। ७/३/६९।।

टी०–भक्षण करने के योग्य इस अर्थ में भुज् धातु का भोज्य ऐसा रूप बनता है, और अन्य अर्थ में भोग्य ऐसा होता है। जानना चाहिये कि कृत्यसंज्ञक प्रत्यय शक्य, प्रेरणा, आमन्त्रण, और प्राप्तकाल, इतने अर्थों में होते हैं।

इति कृत्यप्रक्रिया

कृदन्तप्रक्रिया

मू०–ण्वुल्तृचौ। ३/१/१३३।।

टी०–ण्वुल् और तृच् ये प्रत्यय धातु से परे रखे जायें।।

मू०–युवोरनाकौ। ७/१/१।।

टी०–यु और वु के स्थान में अन और अक आदेश क्रम से होते हैं। उ०–कारक: या कर्ता, करने वाला।

मू०–नन्दिग्रहिपचादिभ्यो ल्युणिन्यच:। ३/१/१३४।।

टी०–टुनदि आदि धातुओं से परे ल्यु प्रत्यय होता है, और ग्रह् आदि धातुओं से परे णिनि होगा, और पच् आदि धातुओं से परे अच् होता है। उ०–नन्द्+ल्यु=नन्दन:, जो आनन्द करता है। मनुष्यवाचक जन शब्द उपपद रहते पीड़ार्थक अर्द् धातु से ल्यु प्रत्यय हुआ और उसके स्थान में अन आदेश हुआ और उपपद समास होने से विभक्ति का लुक् हुआ और दीर्घ हुआ तब जनार्दन:, दुष्ट मनुष्य को परास्त करने वाला, अर्थात् विष्णु। काटने अर्थ में जो लू धातु उस से लवण:, नमक। लवण शब्द में णकार आदेश जो हुआ है सो निपातित है। ग्रह्+णिनि: ग्राहिन्, फिर प्रातिपदिकप्रयुक्त विभक्ति के लाने पर त्र्राहिन्+सु=ग्राही, लेने वाला। स्थायी, टिकने वाला। मन्त्री, मन्त्री। पच्+अ=पच:, पाक करने वाला। पचादि आकृतिगण है।

मू०–तत्रोपपदं सप्तमीस्थम्। ३/१/९२।।

टी०–कर्मणि इत्यादि सप्तम्यन्त जो पद उन में बोध्यतासम्बन्ध करके विद्यमान जो घड़ा आदि अर्थ उनके वाचक को शब्द को उपपद कहलाते हैं।

मू०–कर्मण्यण्। ३/२/१।।

टी०–जब किसी धातु का उपपद कर्म हो तब उस से परे अण् होता है। उ०–कुम्भकार:, घड़े को बनाने वाला, अर्थात् कुम्हार।

मू०–आतोऽनुपसर्गे कः। ३/२/३।।

टी०–जब कोई उपसर्ग उपपद न रहे और कर्म उपपद हो तब आकारान्त धातु से परे क प्रत्यय होगा। यह अण् का अपवाद है। उ०–गोदः, गौ देने वाला। धनदः, धन देने वाला। कम्बलदः, कम्बल देने वाला।

मू०–मूलविभुजादिभ्यः कः।।

टी०–मूलविभुज् आदि से परे क प्रत्यय होता है। उ०–मूल+वि+भुज्+क=मूलविभुजो रथः। मूलविभुज आदि आकृतिगण हैं। धृ धातु से क-प्रत्यय लाने पर यण् हुआ तो महीध्रः वा कुध्रः, पहाड़।

मू०–क्विप् च। ३/२/७६।।

टी०–क्विप् प्रत्यय भी धातु से परे दिखाई पड़ता है। इस प्रत्यय के सब अवयवों का लोप हो जाता है। उ०–उखास्रत्, हंड़िया से जो गिरता है। पर्णध्वत्, पत्तों से जो गिरता है। वाहभ्रट्, घोड़े पर से जो गिरता है।

मू०–क्तक्तवतू निष्ठा। १/१/२६।।

टी०–क्त और क्तवतु इन दोनों प्रत्ययों की निष्ठा संज्ञा होती है।

मू०–निष्ठा। ३/२/१०२।।

टी०–भूत अर्थ में धातु से परे निष्ठासंज्ञक प्रत्यय होता है। तिन में क्त जो है सो तो भाव और कर्म अर्थ में आता है और क्तवतु केवल कर्ता ही अर्थ में आता है। उ०–स्नातं मया, मैंने नहाया। स्तुतस्त्वया विष्णुः, तुझ से विष्णु स्तुति किया गया। विश्वं कृतवान् विष्णुः, विष्णु ने सारे पदार्थ बनाये।

मू०–शुषः कः। ८/२/५१।।

टी०–सूखने अर्थ में जो शुष् धातु उस से परे निष्ठा के त् को क् होता है। उ०–शुष्कः, वह सूखा।

मू०–पचो वः। ८/२/५२।।

टी०–चुरने अर्थ में जो पच् धातु उस से परे निष्ठा के त् को व् होता है। उ०–पक्वः, वह पका।

मू०–दधातेर्हिः। ७/४/४२।।

टी०–जिस कित् प्रत्यय के आदि में त् हो सो जब परे रहे तब धा धातु के स्थान में हि आदेश होता है। उ०–हितम्, धारण किया गया।

मू०—लटः शतृशानचावप्रथमासमानाधिकरणे। ३/२/१२४।।

टी०—जब अप्रथमान्त के साथ लट् लकार का समान अधिकरण हो, तब लट् के स्थान में शतृ और शानच् प्रत्यय विकल्प करके होता है। ये दोनों प्रत्यय शित् हैं इस कारण जिन धातुओं से परे ये होते हैं उन से परे शप् आदि प्रत्यय होते हैं। उ०—पचन्तं चैत्रं पश्य, परार्थ पाक करने वाले चैत्र को देखो। इस उदाहरण में लट् जिस कर्ता अर्थ में आया है उसका वाचक चैत्र शब्द द्वितीयान्त है इसलिये अप्रथमान्त के साथ लट् लकार की समान अधिकरणता स्पष्ट ही है।

मू०—आने मुक्। ७/२/८२।।

टी०—अदन्त अङ्ग को मुक् आगम होगा जब आन परे रहे। उ०—पचमानं चैत्रं पश्य, स्वार्थ पाक करने वाले चैत्र को देखो।।

मू०—पुवः संज्ञायाम्। ३/२/१८५।।

टी०—पवित्र करने अर्थ में जो पू धातु उस से परे संज्ञा अर्थ में इत्र प्रत्यय होगा। उ०—पवित्रम्, पैंती।

मू०—कृवापाजिमिस्वदिसाध्यशूभ्य उण्।।

उणादि

टी०—कृ करना, या गमन करना, पा पीना, जि जीतना, डुमिञ् छीटना, ष्वद् स्वाद लेना, साध् साधना, और अश् व्याप्त होना, इन धातुओं से परे उण् प्रत्यय होता है। उ०—कारुः, शिल्पी। वायुः, पवन। पायुः, गुद। जायुः, बूटी जो रोग का नाश करती है। मायुः, पित्त। स्वादुः, मीठा। साधुः, जो दूसरे का कार्य सिद्ध करे। आशु, शीघ्र। यह आशु अव्यय है।

मू०—उणादयो बहुलम्। ३/३/१।।

संज्ञासु धातुरूपाणि प्रत्ययाश्च ततः परे।
कार्याद्विद्यादनूबन्धमेतच्छास्त्रमुणादिषु।।

टी०—वर्तमान काल में और संज्ञा अर्थ में उण आदि प्रत्ययों का व्यवहार नाना प्रकार से होता है। ऐसे प्रत्यय जो किसी उणादि सूत्र करके नहीं विधान किये गये उनका भी तर्क करना चाहिये। इस तर्क का प्रकार दिखलाते हैं। उणादि विषे यह विधि है कि शास्त्र में जो संज्ञा, अर्थात् किसी के वाचक शब्द हैं और किसी रीति से वे साधे नहीं जा सकते तो उन विषे ऐसे धातु और उन धातुओं से परे ऐसे प्रत्ययों का

तर्क करना कि जो उनमें हो सकें। और गुण आदि कार्य जैसे देख पड़ें वैसे ही अनुबन्ध कल्पन करना। उ०-ऋफिडः। यह किसी की संज्ञा है, और यह उणादि के प्रकार को छोड़कर किसी भांति से नहीं साधी जा सकती तो पहले गमनार्थक ऋ धातु का तर्क किया फिर ऋ धातु से परे फिड प्रत्यय कल्पन किया तदनन्तर गुण को न देखने से फिड प्रत्यय को कित् माना।

इत्युणादयः

कृदत्त प्रक्रिया

मू०-कालसमयवेलासु तुमुन्। ३/३/१६७।।

टी०-काल, समय, और वेला, इन शब्दों में से कोई जब उपपद हो तब धातु से परे तुमुन्, प्रत्यय किया जाये। उ०-कालो भोक्तुम् या समयो भोक्तुम् या वेला भोक्तुम्, अर्थात् भोजन करने का काल।

मू०-भावे। ३/३/१८।।

टी०-जब धातु का अर्थ सिद्धावस्था को प्राप्त हो तब उस धातु से परे घञ् प्रत्यय होता है। उ०-पाकः, रींधना। जहाँ सिद्ध पद किसी दूसरी क्रिया की आकाङ्क्षा रखता है वहां सिद्धावस्थापन्न क्रिया रहती है।

मू०-एरच्। ३/३/५६।।

टी०-इवर्णान्त धातु से परे अच् प्रत्यय होता है। उ०-क्षयः, संग्रह करना। जयः, जीतना।

मू०-ॠदोरप्। ३/३/५७।।

टी०-ॠकारान्त या उकारान्त धातु से परे अप् प्रत्यय होता है। उ०-छीटने अर्थ में कॄ धातु इस से करः, छीटना। निगलने अर्थ में गॄ धातु इस से गरः, विष। जोड़ने अर्थ में यु धातु इस से यवः, जोड़ना। प्रशंसा करने अर्थ में ष्टु धातु इस से स्तवः, स्तुति करना। काटने अर्थ में लू धातु इस से लवः, लवना। पवित्र करने अर्थ में पू धातु इस से पवः, पवित्र करना।

मू०-यजयाचयतविच्छप्रच्छरक्षोनङ्। ३/३/९०।।

टी०-यज् पूजन आदि, याच् मांगना, यत् यत्न करना, विच्छ् गमन आदि, प्रच्छ् पूछना, और रक्ष् रक्षा करना, इन धातुओं से परे नङ् प्रत्यय होता है। उ०-यज्ञः, यज्ञ। याञ्चा, मांगना। यत्नः, उद्योग। विश्नः, प्रताप। प्रश्नः, प्रश्न। रक्ष्णः, रक्षा।।

मू०–स्वपो नन्। ३/३/९१।।

टी०–सोने अर्थ में जो ञिष्वप् धातु तिस से परे नन् प्रत्यय होता है। उ०–स्वप्नः, सूतना।

मू०–स्त्रियां क्तिन्। ३/३/९४।।

टी०–जब स्त्रीलिङ्ग भाव प्रकाश करना हो तब धातु से परे क्तिन् प्रत्यय होता है। घञ् का अपवाद यह है। उ०–कृतिः, कर्म। स्तुतिः, प्रशंसा।

मू०–समानकर्तृकयोः पूर्वकाले। ३/४/२१।।

टी०–अनेक क्रिया का जो एक ही कर्ता हो तो उन में से जो क्रिया पूर्व काल में हो तद्बोधक जो धातु उन से परे क्त्वा प्रत्यय होता है। उ०–स्नात्वा व्रजति, स्नान करके वह जाता है, अर्थात् पहले वह स्नान कर लेता है तब जाता है। यह नियम दो ही धातुओं के विषय में नहीं है दो से अधिक हों तो भी लगता है। उ०–भुक्त्वा पीत्वा व्रजति, खाकर पीकर वह जाता है।।

मू०–न क्त्वा सेट। १/२/१८।।

टी०–इट्युक्त जो क्त्वा सो कित् नहीं होगा। उ०–शयन करने अर्थ में जो शीङ् धातु उस से शयित्वा सोकर।

मू०–उदितो वा। ७/२/५६।।

टी०–जिस धातु का उ दृत् होता हो उस से परे क्त्वा को इट् आगम विकल्प करके होता है। उ०–शान्त होने अर्थ में जो शमु धातु उस से शमित्वा या शान्त्वा, शान्त होकर।

मू०–समासेऽनञ्पूर्वे क्त्वो ल्यप्। ७/१/३७।।

टी०–जब समास रहे और उसका पूर्वपद नञ् से भिन्न अव्यय हो तव क्त्वा को ल्यप् आदेश होगा। जब कृ और प्र का समास होता है तब क्त्वा के स्थान में ल्यप् किया जाता है और तुक आगम होता है। उ०–प्रकृत्य, आरम्भ करके। नञ् से भिन्न क्यों कहा। अकृत्वा, न बनाकर। यहाँ ल्यप् हो जायेगा। समास का पूर्व पद अव्यय हो यह क्यों कहा। परमकृत्वा, श्रेष्ठ करके। यहाँ भी ल्यप् हो जायेगा।

मू०–आभीक्ष्ण्ये णमुल् च। ३/४/२२।।

टी०–जब बारबार करना प्रकाश करना हो तब इससे अव्यवहित पूर्व सूत्र के विषय में क्त्वा और णमुल दोनों प्रत्यय होते हैं।

मू०–नित्यवीप्सयो:। ८/१/४।।

टी०–जब बारबार करना अथवा वीप्सा प्रकाश करना हो तब पद को द्वित्व होता है। तिङन्त के और अव्यय संज्ञक कृदन्त के विषे बारबार करने अर्थ में द्वित्व होता है। उ०–स्मारं स्मारं नमति शिवम्। बारबार स्मरण करके शिव को नमस्कार करता है। स्मृत्वा स्मृत्वा, बारबार स्मरण करके। भोजं भोजम्, बारबार भोजन करके। श्रावं श्रावम्, बारबार सुनकर।

इति कृदन्तप्रक्रिया

कारकप्रकरण

मू०–प्रातिपदिकार्थलिङ्गपरिमाणवचनमात्रे प्रथमा। २/३/४६।।

टी०–प्रातिपदिक के उच्चारण से जो अर्थ नियम से उपस्थित होता है उसको प्रातिपदिकार्थ कहते हैं। सूत्र में मात्र शब्द जो है उसका सम्बन्ध प्रातिपदिकार्थ और लिङ्ग आदि प्रत्येक के साथ होता है। जिस शब्द में केवल प्रातिपदिकार्थ ही हो या केवल लिङ्ग अर्थ अधिक हो या केवल परिमाण अर्थ अधिक हो अथवा जो शब्द केवल संख्यावाचक हो तिस से परे प्रथमा होती है। उ०–केवल प्रातिपदिकार्थ में, उच्चैः, ऊंचा। नीचैः, नीचा। कृष्णः, कृष्ण। श्रीः, लक्ष्मी देवी। ज्ञानम्, ज्ञान। इन उदाहरणों में प्रत्येक शब्द से जो-जो अर्थ निकलते हैं सो-सो नियम से निकलते हैं कभी अर्थान्तर नहीं होता। केवल लिङ्ग की अधिकता अर्थ में, तटः या तटी या तटम्, नदी का तीर। इन उदाहरणों में नदी का तीर यह अर्थ तो नियम से उपस्थित होता है परंतु तीनों लिङ्ग नहीं क्योंकि तटी पद से स्त्रीलिङ्ग ही और तटः पद से पुल्लिङ्ग ही और तटम् इस पद से नपुंसकलिङ्ग ही उपस्थित होता है। केवल परिमाण की अधिकता अर्थ में, द्रोणो व्रीहिः, द्रोणभर चावल। नापने के लिये एक प्रकार का पात्र द्रोण कहलाता है। इस उदाहरण में द्रोण का अर्थ है नापने के लिये पात्रविशेष और सु प्रत्यय का अर्थ है परिमाण, तो प्रातिपदिक का अर्थ जो पात्रविशेष है उसके साथ सु प्रत्यय का अर्थ जो परिमाण है उसका अभेद बोध हुआ इसलिये द्रोणः इसका अर्थ हुआ द्रोणरूप नपुआ, अर्थात् परिमाण, अब परिमाण से परिमेय की आकाङ्क्षा होती है इसलिये परिच्छेद्य+परिच्छेदक सम्बन्ध करके व्रीहिः इस पद के साथ ऐसा बोध होगा कि द्रोणरूप परिमाण से परिच्छिन्न चावल। वचन का अर्थ संख्या है। सूत्र में वचन शब्द के ग्रहण करने का यही कारण है कि एक जो शब्द है उस से परे सु, और द्वि से परे औ, और बहु से परे जस्, नहीं रख सकते, क्योंकि शब्द से जो अर्थ निकलता है

उसी के प्रकाश करने के लिये फिर किसी प्रत्यय का लगाना अनुचित है। जैसे–एक शब्द से परे उसी के अर्थ में सु प्रत्यय का लगाना, द्वि शब्द से परे उसी के अर्थ में औ प्रत्यय का लगाना, और बहु शब्द से परे उसी के अर्थ में जस् प्रत्यय का लगाना। उ०–एकः, एक। द्वौ, दो। बहवः, बहुत।

मू०–सम्बोधने च। २/३/४७।।

टी०–संबोधने अर्थ में प्रथमा होती है। उ०–हे राम।

मू०–कर्तुरीप्सिततमं कर्म। १/४/४९।।

टी०–कर्ता को क्रियाजन्य फल के साथ जिसका संबंध कराने की अत्यन्त इच्छा हो सो कारकसंज्ञक होकर कर्मसंज्ञक होता है।

मू०–कर्मणि द्वितीया। २/३/२।।

टी०–किसी प्रत्यय से जब कर्म उक्त न हो तब कर्मबोधक शब्द से परे द्वितीया हो। उ०–हरिं भजति, वह हरि को भजता है। इस उदाहरण में तिप् प्रत्यय कर्म को नहीं किंतु कर्ता को प्रकाश करता है। इसीलिये कर्म अनुक्त है। परंतु जब किसी से कर्म आदि उक्त हों तब उन से परे प्रथमा ही होती है। जैसे–हरिः सेव्यते, हरि सेवन किया जाता है। लक्ष्म्या सेवितः, लक्ष्मी से सेवन किया गया। इन दोनों उदाहरणों में प्रत्यय से कर्म ही का बोध होता है।

मू०–साधकतमं करणम्। १/४/४२।।

टी०–क्रिया की सिद्धि में जो अत्यन्त उपकारक हो, अर्थात् जिसके व्यापार से कार्य सिद्ध ही हो जाये सो कारकसंज्ञक होकर करणसंज्ञक होता है। क्रिया में स्वतन्त्रता करके जिसकी विवक्षा होती है सो कर्तृसंज्ञक होता है।

मू०–कर्तृकरणयोस्तृतीया। २/३/१८।।

टी०–जब कर्ता और करण, तिङ् आदि प्रत्यय से उक्त न हों, तब उन से परे तृतीया होती है। उ०–रामेण बाणेन हतो वाली, राम से बाण करके वालिनामक वानर मारा गया।

मू०–कर्मणा यमभिप्रैति स संप्रदानम्। १/४/३२।।

टी०–दानक्रिया के कर्म के साथ जिसको संबद्ध करने की इच्छा करें सो कारकसंज्ञक होकर संप्रदानसंज्ञक होता है।

मू०–चतुर्थी संप्रदाने। २/३/१३।।

टी०–संप्रदान में चतुर्थी होती है। उ०–विप्राय गां ददाति, विप्र को गाय देता है।।

मू०–नमस्स्वस्तिस्वाहास्वधालंवषड्योगाच्च। २/३/१६।।

टी०–नमस्, स्वस्ति, स्वाहा, स्वधा, अलम्, और वषट्, इनके योग में चतुर्थी होती है। उ०–हरये नमः, हरि को नमस्कार। प्रजाभ्यः स्वस्ति, प्रजा का कल्याण। अग्नये स्वाहा, अग्नि को देना। पितृभ्यः स्वधा, पितरों को देना। अलम् शब्द का अर्थ यहाँ विवक्षित है न केवल अलम् शब्द इसलिये उसके पर्याय शब्दों के योग में भी यही सूत्र लगता है। जैसे–दैत्येभ्यो हरिरलम्, प्रभुः, समर्थः, शक्तः, इत्यादि, दैत्यों के लिये हरि परिपूर्ण है, प्रभु है, समर्थ है और शक्तिमान है, इत्यादि उदाहरण जानना।

मू०–ध्रुवमपायेऽपादानम्। १/४/२४।।

टी०–जिस अवधि से विभाग हो वह कारकसंज्ञक होकर अपादानसंज्ञक होता है। अपाय का अर्थ विभाग है और ध्रुव का अर्थ अवधि।

मू०–अपादाने पञ्चमी। २/३/२८।।

टी०–अपादान में पञ्चमी होती है। उ०–ग्रामादायाति, वह ग्राम से आता है। धावतोऽश्वात् पतति, इत्यादि, वह दौड़ते घोड़े से गिरता है, इत्यादि उदाहरण जानना।

मू०–षष्ठी शेषे। २/३/५०।।

टी०–कारक और प्रातिपदिक के अर्थ से भिन्न जो स्वस्वामिभाव आदि सम्बन्ध सो यहाँ शेष कहलाते हैं उन में षष्ठी होगी। उ०–राज्ञः पुरुषः, राज्ञा का पुरुष। इस उदाहरण में राजा स्वामी है और पुरुष उसका स्व अर्थात् स्वकीय है तो इन दोनों का सम्बन्ध जो स्वत्व+स्वामित्व रूप है उसी को स्वस्वामिभाव सम्बन्ध कहते हैं। कर्म आदि की भी जब केवल सामान्यसंबन्धरूप करके विवक्षा की जाये तब षष्ठी ही होती है। जैसे–सतां गतम्, सज्जनों का गमन। सर्पिषो जानीते, घृत संबंध करके वह जानता है। मातुः स्मरति, वह माता को स्मरण करता है। एधो दकस्योपस्कुरुते, लकड़ी पानी को नया गुण देती है। भजे शंभोश्चरणयोः, मैं शिव के चरणों को सेवता हूँ। फलानां तृप्तः, वह फल से तृप्त हुआ।

मू०–कर्तृकर्मणोः कृति। २/३/६५।।

टी०–जब कृदन्त का योग रहे तब उसके कर्ता और कर्म में षष्ठी होती है। उ०–कृष्णस्य कृतिः, कृष्ण की रचना। जगतः कर्ता कृष्णः, जगत का रचयिता कृष्ण है।

मू०—आधारोऽधिकरणम्। १/४/४५।।

टी०—कर्ता और कर्म के द्वारा कर्ता और कर्म की क्रिया का जो आधार सो कारकसंज्ञक होकर अधिकरणसंज्ञक होता है।

वह घर में है। इस उदाहरण में कर्ता के द्वारा रहना रूप जो क्रिया उसका आधार घर है। वह बटलोही में चावल रींधता है। इस उदाहरण में चावल जो कर्म है उसके द्वारा रींधना रूप जो क्रिया उसका आधार बटलोही है।

मू०—सप्तम्यधिकरणे च। २/३/३६।।

टी०—अधिकरण में सप्तमी हो। सूत्र में च जो है उसका यह आशय है कि दूर और निकट वाचक शब्दों से भी परे सप्तमी होती है। आधार तीन प्रकार का है, औपश्लेषिक, वैषयिक, और अभिव्यापक। औपश्लेषिक उस आधार को कहते हैं जिसके किसी अवयव से संयोग हो। उ०—कटे आस्ते, वह चटाई पर बैठता है। स्थाल्यां पचति, वह बटलोही में रींधता है। वैषयिक उस आधार का नाम है जिस से विषय का बोध हो। जैसे—मोक्षे इच्छास्ति, मोक्ष में उसकी इच्छा लगी है, अर्थात् उसकी इच्छा का विषय मोक्ष है। और अभिव्यापक वह आधार है जिस में आधेय संपूर्ण रूप से व्याप्त हो। जैसे—सर्वस्मिन्नात्माऽस्ति, आत्मा सब में व्याप्त है। वनस्य दूरे अन्तिके वा, वन से दूर या निकट।।

इति कारकप्रकरणम्

समासप्रकरण

मू०—तत्र समसनं समासः। स च विशेषसंज्ञाविनिर्मुक्तः केवलसमासः प्रथमः। प्रायेण पूर्वपदार्थप्रधानोऽव्ययीभावो द्वितीयः। प्रायेणोत्तरपदार्थ-प्रधानस्तत्पुरुषस्तृतीयः। तत्पुरुषभेदः कर्मधारयः। कर्मधारयभेदो द्विगुः। प्रायेणान्यपदार्थप्रधानो बहुव्रीहिश्चतुर्थः। प्रायेणोभयपदार्थप्रधानो द्वन्द्वः पञ्चमः।।

टी०—समास पाँच प्रकार का है। अनेक पदों का एक अर्थ होना समास शब्द से अभिप्रेत है। जिसका कोई विशेष नाम नहीं है सो केवल समास कहलाता है, यह पहला प्रकार है। अव्ययीभाव समास वह है जिसके पूर्व पद का अर्थ प्रायः प्रधान रहता है, यह दूसरा प्रकार है। तत्पुरुष समास वह है जिसके उत्तर पद का अर्थ प्रायः प्रधान रहता है, यह तीसरा प्रकार है। तत्पुरुष का एक विशेष प्रकार कर्मधारय है,

अर्थात् जिस में दोनों समानविभक्त्यन्त हों और विशेषणविशेष्यभाव हो। कर्मधारय का एक विशेष प्रकार द्विगु है, अर्थात् जिसके पूर्व संख्यावाचक शब्द हो। बहुव्रीहि समास वह है जिसमें समास के पदों को छोड़ किसी और ही पद का अर्थ प्राय: प्रधान रहता है, यह चौथा प्रकार है। और द्वन्द्व उस समास को कहते हैं जिसमें दोनों पदों का अर्थ प्रधान रहता है, यह पांचवां प्रकार है।

मू०—समर्थः पदविधिः। २/१/१।।

टी०—पद से संबंध रखे ऐसी जो विधि सो सामर्थ्य के अधीन होती है। सामर्थ्य इस पद का अर्थ इस स्थान में एकार्थीभाव है।

मू०—प्राक् कडारात् समासः। २/१/३।।

टी०—समास यह जो शब्द है उसका अधिकार इस सूत्र से लेकर कडाराः कर्मधारये इस सूत्र के पूर्व पर्यन्त किया जाये।

मू०—सह सुपा। २/१/४।।

टी०—एक सुबन्त के साथ दूसरे सुबन्त का समास विकल्प करके होता है। जिन पदों का समास होता है उनके समुदाय की प्रातिपदिक संज्ञा होती है इसलिये सुप् का लुक् हो जाता है। अलग-अलग अवयवों से जिस अर्थ का बोध हो उस से अधिक अर्थ के प्रकाश करने की शक्ति को वृत्ति कहते हैं। वृत्ति के पाँच भेद हैं, कृत्, तद्धित, समास, एकशेष, और सनाद्यन्त धातु, और वृत्ति के अर्थ का बोधक जो वाक्य होता है उसे विग्रह कहते हैं। विग्रह के दो प्रकार होते हैं, लौकिक और अलौकिक। उ०। भूतपूर्वः, पहले हुआ। इस वाक्य का लौकिक विग्रह पूर्व भूतः, है। और अलौकिक विग्रह पूर्व+अम्+भूत+स्, है। इस उदाहरण में पूर्व शब्द जो कालवाचक है सो और भूत शब्द ये दोनों प्रथमानिर्दिष्ट हैं इस कारण इनकी उपसर्जन संज्ञा है इसलिये उपसर्जनं पूर्वम् इस सूत्र से अनियम करके दोनों का पूर्व प्रयोग पाया परंतु इस सूत्र के अनुसार भूत पद को पहले स्थापित किया। इसका यह कारण है कि भूतपूर्व चरट् इस सूत्र में भूत शब्द का पूर्व प्रयोग दीख पड़ता है।

मू०—इवेन सह समासो विभक्त्यलोपश्च।।

टी०—सदृशवाचक जो इव शब्द उसके साथ सुबन्त का समास हो और सुप् का लुक् न हो। उ०। वागर्थाविव, वाणी के और अर्थ के सदृश।

इति केवलसमासः प्रथमः

अव्ययीभाव समास

मू०–अव्ययीभावः। २/१/५।।

टी०–अव्ययीभाव इस पद का अधिकार तत्पुरुषः इस सूत्र के पूर्व पर्यन्त होगा।।

मू०–अव्ययं विभक्तिसमीपसमृद्धिव्यृद्ध्यर्थाभावात्ययासम्प्रतिशब्दप्रादुर्भावपश्चाद्यथानुपूर्व्ययौगपद्यसादृश्यसंपत्तिसाकल्यान्तवचनेषु। २/१/६।।

टी०–विभक्ति का अर्थ, निकट, वृद्धि, घटती, वस्तु का अभाव, ध्वंस, अभी नहीं, शब्द का प्रकाश, पीछे, यथा के अर्थ, क्रम, समकालता, सदृशता, प्राप्ति, संपूर्णरूपता, और अन्त, इन अर्थों में अव्यय जो वर्तमान हो तो उसका समास सुबन्त के साथ नित्य होता है। नित्य समास के लिये विग्रह नहीं होता अथवा समस्यमान पदों से भिन्न उनके अर्थबोधक जो पद उन से उसका विग्रह होता है। विभक्ति के अर्थ में अव्यय का यह उदाहरण है। जैसे–हरि+ङि+अधि। इस विग्रह में अधि अव्यय है और ङि के अर्थ में उसका व्यवहार है।

मू०–प्रथमानिर्दिष्टं समास उपसर्जनम्। १/२/४३।।

टी०–समासविधायक सूत्र में प्रथमान्तरूप से जो निर्दिष्ट उसका जो बोध्य हो उसको उपसर्जन संज्ञा हो। अव्ययम् यह प्रथमान्त है इसलिये उसके उदाहरण में अधि जो अव्यय है सो उपसर्जनसंज्ञक हुआ।

मू०–उपसर्जनं पूर्वम्। २/२/३०।।

टी०–समास में उपसर्जन पहले रखा जाये। इसलिये अधि का प्रयोग हरि शब्द के पहले हुआ, जैसे–अधि+हरि+ङि, यहाँ सुप् का लुक् होता है तब अधि+हरि, ऐसा रूप रह जाता है। यहाँ समाससंज्ञा प्रयुक्त प्रातिपदिकसंज्ञा होती है इसलिये सुप् प्रत्यय फिर होते हैं तब उनका फिर लुक् होता है। क्योंकि

मू०–अव्ययीभावश्च। १/१/४१।।

टी०–अव्ययीभाव समास अव्ययसंज्ञक होता है। उ०–अधिहरि, हरि में।

मू०–नाव्ययीभावादतोऽम् त्वपञ्चम्याः। २/४/८३।।

टी०–अदन्त अव्ययीभाव समास से परे जो सुप् उसका लुक् नहीं होता परंतु पञ्चमी को छोड़ शेष विभक्तियों को अम् आदेश होता है।

मू०–तृतीयासप्तम्योर्बहुलम्। २/४/८४।।

टी०–अदन्त अव्ययीभाव समास से परे जो तृतीया और सप्तमी उनको अम् आदेश नाना प्रकार से होता है। उ०–उपकृष्णम् या उपकृष्णेन, कृष्ण के समीप। सुमद्रम्, मद्र देशवालों की वृद्धि। दुर्यवनम्, यवन लोगों की घटती।

मू०–एकविभक्ति चापूर्वनिपाते। १/२/४४।।

टी०–विग्रह में जिसकी विभक्ति नियत हो सो उपसर्जनसंज्ञक हो परंतु उसका पूर्व निपात अर्थात् प्रयोग नहीं होता।

मू०–गोस्त्रियोरुपसर्जनस्य। १/२/४८।।

टी०–जिस प्रातिपदिक का अन्त अवयव उपसर्जनसंज्ञक गो शब्द अथवा स्त्रीप्रत्ययान्त हो उसको ह्रस्व होय। उ०–निर्मक्षिकम्, मक्खियों का अभाव। अतिहिमम्, हिम का नाश। अतिनिद्रम्, निद्रा अभी नहीं लगती। इतिहरि, हरि शब्द का प्रकाश, जैसे वैष्णव के घर में हरि-हरि शब्द होता है। अनुविष्णु, विष्णु के पीछे। यथा के अर्थ चार हैं। योग्यता, योग्यता, वीप्सा, अनेकसम्बन्ध। पदार्थानतिवृत्ति, किसी पदार्थ को न लांघना। और सादृश्य, तुल्यता। उ०–अनुरूपम्, रूप के योग्य। प्रत्यर्थम्, सब अर्थों में। यथाशक्ति, अपनी शक्ति को न लांघके, अर्थात् अपनी शक्ति के अनुसार।

मू०–अव्ययीभावे चाकाले। ६/३/८१।।

टी०–अव्ययीभाव समास में सह को स आदेश होगा जब उत्तर पद कालवाचक न हो। उ०–सहरि, हरि की सदृशता। अनुज्येष्ठम्, ज्येष्ठ के क्रम से। सचक्रम्, चक्र के समकाल। ससखि, मित्र के सदृश। सक्षत्रम्, क्षत्रियों की पूर्णता। सतृणम्, तृण पर्यन्त वह खा जाता है, अर्थात् कुछ नहीं छोड़ता। साग्नि, अग्निप्रतिपादक ग्रन्थावधि वेद पढ़ता है।

मू०–तद्धिताः। ४/१/७६।।

टी०–इस सूत्र से लेकर अष्टाध्यायी के पञ्चम अध्याय की समाप्ति पर्यन्त तद्धित इस पद का अधिकार होता है।

मू०–अव्ययीभावे शरत्प्रभृतिभ्यः। ५/४/१०७।।

टी०–अव्ययीभाव समास में शरद् आदि से परे समास का अन्त अवयव टच् प्रत्यय होता है। उ०–उपशरदम्, शरद् ऋतु के समीप। प्रतिविपाशम्, विपाशानामक नदी के समीप।

मू०–जराया जरस् च।।

टी०–जरा शब्द के स्थान में जरस् आदेश होता है। उ०–उपजरसम्, जरा अवस्था के समीप, इत्यादि जानना।।

मू०–अनश्च।५/४/१०८।।

टी०–जिस अव्ययीभाव समास के अन्त में अन् हो उस से परे टच् प्रत्यय होता है।

मू०–नस्तद्धिते।६/४/१४४।।

टी०–भसंज्ञक नकारान्त शब्द की टि का लोप हो जब तद्धित प्रत्यय परे रहे। उ०। उपराजम्, राजा के समीप। अध्यात्मम्, आत्मा विषे।

मू०–झयः।५/४/१११।।

टी०–जिस अव्ययीभाव समास के अन्त में झय् प्रत्याहारगत वर्ण हो उस से परे टच् प्रत्यय विकल्प करके होता है। उ०–उपसमिधम् या उपसमित्, अग्नि में जो हवनीय लकड़ी उसके निकट।

इत्यव्ययीभावः

तत्पुरुष समास

मू०–तत्पुरुषः।२/१/२२।।

टी०–तत्पुरुष इस पद का अधिकार शेषो बहुव्रीहिः इस सूत्र के पूर्व पर्यन्त प्रत्येक सूत्र में जाये।

मू०–द्विगुश्च।२/१/२३।।

टी०–द्विगुनामक समास भी तत्पुरुष कहलाता है।

मू०–द्वितीयाश्रितातीतपतितगतात्यस्तप्राप्तापन्नैः।२/१/२४।।

टी०–श्रित जिसने आश्रयण किया, अतीत जो अतिक्रमण करके आगे गया, पतित जो गिर पड़ा, गत जो गया, अत्यस्त जो लांघ गया, प्राप्त जो पहुँच गया, और आपन्न जो प्राप्त हुआ, इन प्रकृतियों से परे जो सुप् तदन्त के साथ द्वितीयान्त का समास विकल्प करके होता है। उ०–कृष्णश्रितः, जिसने कृष्ण का आश्रयण किया, इत्यादि जानना।

मू०–तृतीया तत्कृतार्थेन गुणवचनेन। २/१/३०।।

टी०–तृतीयान्त के अर्थ से जिस गुण को संपादन करें उस गुण के वाचक शब्द के साथ और अर्थ शब्द के साथ तृतीयान्त पूर्ववत् अर्थात् विकल्प करके समस्यमान हो। उ०–शङ्कुलाखण्डः। सरौता से किया गया जो खण्ड, जैसे सुपारी का टुकड़ा। धान्यार्थः, धान्य से जो अर्थ प्राप्त हुआ है। तृतीयान्त के अर्थ से जिस गुण को संपादन करें ऐसा क्यों कहा। अक्ष्णा काणः, एक आंख का अंधा। इस उदाहरण में समास नहीं हुआ क्योंकि तृतीयान्त जो अक्ष्णा पद है सो काणत्व का संपादक नहीं है।

मू०–कर्तृकरणे कृता बहुलम्। २/१/३२।।

टी०–कर्ता या करण अर्थ में जो तृतीयान्त सो नाना प्रकार से कृदन्त के साथ पूर्व के तुल्य, अर्थात् समस्यमान हो। उ०–हरित्रातः, हरि से रक्षा किया गया। नखभिन्नः, नखों से फाड़ा गया।

मू०–चतुर्थी तदर्थार्थबलिहितसुखरक्षितैः। २/१/३६।।

टी०–अर्थ निमित्त, बलि बलिदान, हित उपकारक, सुख सुख, और रक्षित जिसकी रक्षा की गई, इनके साथ और चतुर्थ्यन्तार्थ के लिये जो हो उसके वाचक शब्द के साथ चतुर्थ्यन्त पूर्ववत् अर्थात् विकल्प करके समस्यमान होता है। उ०–यूपदारु, स्तम्भ के लिये लकड़ी। चतुर्थ्यन्तार्थ के लिये जो हो उसके वाचक शब्द के साथ इससे यह आशय है कि चतुर्थ्यन्तार्थ के लिये जो शब्द हो उसका कुछ विकार होता हो जैसे स्तम्भ के लिये लकड़ी का। इसी लिये अगले उदाहरण में समास नहीं होता। जैसे–रन्धनाय स्थाली, रींधने के लिये बटलोही। यहाँ लकड़ी का विकृत भाव, अर्थात् रूपान्तर जैसे स्तम्भ होता है वैसे बटलोही का रूपान्तर रींधना नहीं होता।

मू०–अर्थेन नित्यसमासो विशेष्यलिङ्गता चेति वक्तव्यम्।।

टी०–ऐसा कहना चाहिये कि अर्थ जो शब्द है उसके साथ चतुर्थ्यन्त का समास नित्य ही हो और विशेष्य के अनुसार लिङ्ग हो। उ०–द्विजार्थः सूपः, ब्राह्मण के लिये दाल। द्विजार्था यवागूः, ब्राह्मण के लिये लपसी। द्विजार्थं पयः, ब्राह्मण के लिये दूध। पहले और शब्द जो हम गिना आये हैं उनके समास के उदाहरण अब लिखते हैं। जैसे–भूतबलिः भूतों के लिये बलि। गोहितम्, गाय के लिये जो उपयोगी हो। गोसुखम्, गाय के लिये जो सुखदायक हो। गोरक्षितम्, गाय के लिये जो रखाया जाये।

यहाँ इतना जानना चाहिये कि गुण के प्रकाशक को विशेषण कहते हैं और जिसका गुण प्रकाश किया जाता है उसको विशेष्य कहते हैं, जैसे नील कमल, इस उदाहरण में नील विशेषण है और कमल विशेष्य।

मू०–पञ्चमी भयेन। २/१/३७।।

टी०–भय शब्द के साथ पञ्चम्यन्त समस्यमान होता है। उ०–चोरभयम्, चोर से भय।

मू०–षष्ठी। २/२/८।।

टी०–सुबन्त के साथ षष्ठ्यन्त पूर्व के सदृश, अर्थात् विकल्प करके समस्यमान हो। उ०–राजपुरुष:, राजा का मनुष्य।

मू०–पूर्वापराधरोत्तरमेकदेशिनैकाधिकरणे। २/२/१।।

टी०–पूर्व पहला भाग, अपर पिछला भाग, अधर नीचे का भाग, और उत्तर पिछला भाग, ये शब्द एकत्व संख्या विशिष्ट अवयवी के साथ विकल्प करके समस्यमान हों। यह सूत्र षष्ठी समास का अपवाद है। उ०–पूर्वकाय:, शरीर का पहला भाग। अपरकाय:, शरीर का पिछला भाग। एकत्व संख्या विशिष्ट अवयवी क्यों कहा। इसलिये कि देखो, पूर्वश्छात्राणाम्, छात्रों में सब से पहला, इस उदाहरण में समास नहीं हुआ क्योंकि छात्र बहुत हैं।

मू०–अर्धं नपुंसकम्। २/२/२।।

टी०–जब अर्ध शब्द का अर्थ आधा हो तब वह नित्य नपुंसकलिङ्ग है सो पूर्व के तुल्य, अर्थात् विकल्प करके समस्यमान होता है। उ०–अर्धपिप्पली, आधी पीपरि।

मू०–सप्तमी शौण्डै:। २/१/४०।।

टी०–शौण्ड निपुण। यह जिन शब्दों के गण के आदि में हो उनके साथ सप्तम्यन्त पूर्व के सदृश, अर्थात् विकल्प करके समस्यमान होता है। उ०–अक्षशौण्ड:, पाशा में निपुण, इत्यादि जानना। ऐसा कह आये हैं कि जो शब्द परिगणित हैं उनके साथ द्वितीयान्त तृतीयान्त आदि समस्यमान हों परंतु परिगणित पदों से भिन्न पदों के साथ भी समास की आवश्यकता दिखाई पड़ती है इसलिये प्रामाणिक ग्रन्थों के व्यवहारानुसार द्वितीया तृतीया आदि पदों का अपने-अपने सूत्रों में योगविभाग करने से द्वितीयान्त तृतीयान्त आदि परिगणितातिरिक्त के साथ भी समस्यमान होंगे, ऐसा जानना।

मू०–तद्धितार्थोत्तरपदसमाहारे च। २/१/५१।।

टी०–जब तद्धित प्रत्यय के अर्थ की विषयता हो या उत्तर पद परे रहे या समाहार वाच्य हो तब दिशावाचक का संख्यावाचक शब्द पूर्व के तुल्य, अर्थात्

विकल्प करके समस्यमान होगा। उ०–पूर्वस्यां शालायां भवः, जो पूर्व शाला में हुआ। जिस समय इन दोनों पदों का समास होता है उस समय भवरूप तद्धित के अर्थ की विषयता रहती है क्योंकि भवरूप अर्थ में जो ञ प्रत्यय होता है सो समास होने के पश्चात् होता है, तो समास होने पर पूर्वा+शाला ऐसा रूप हो जाता है फिर पूर्वा में स्त्रीलिङ्ग का चिह्न जो आ है सो निकाल डाला जाता है क्योंकि पतञ्जलि मुनि का यह वाक्य है कि पांचों वृत्ति में से किसी वृत्ति में जब सर्वनाम रहे तब उसका रूप पुल्लिङ्ग के तुल्य होगा।

मू०–दिक्पूर्वपदादसंज्ञायां ञः। ४/२/१०७।।

टी०–जब समास किया गया पद किसी की संज्ञा न हो तब उससे परे भव आदि अर्थों में तद्धितसंज्ञक ञ प्रत्यय हो परंतु पूर्व पद, अर्थात् समास का पूर्व अवयवरूप पद जो दिशावाचक रहे तो। अब पूर्वशाला+अ, ऐसा हुआ।।

मू०–तद्धितेष्वचामादेः। ७/२/११७।।

टी०–अचों में से पहिले अच् को वृद्धि हो जब ञित् या णित् तद्धित प्रत्यय परे रहे। इस सूत्र से वृद्धि होने पर यस्येति च इस सूत्र के अनुसार अन्त्य अच् का लोप होता है। उ०–पौर्वशालः, जो पूर्व शाला में हुआ। पञ्च गावों धनं यस्य, जिसका धन पांच गाय हैं। इस उदाहरण के तीनों पद में बहुव्रीहि समास है और उन में यह अगला वार्तिक लगता है।

मू०–द्वन्द्वतत्पुरुषयोरुत्तरपदे नित्यसमासवचनम्।।

टी०–ऐसा कहना चाहिये कि जब कोई उत्तर पद परे रहे तब द्वन्द्व समास या तत्पुरुष समास नित्य हो।

मू०–गोरतद्धितलुकि। ५/४/९२।।

टी०–जिस तत्पुरुष के अन्त में गो शब्द हो उस से परे तद्धितसंज्ञक टच् प्रत्यय समास का अन्त अवयव हो परंतु जो तद्धित प्रत्यय का लुक् न हुआ हो। उ०–पञ्चगवधनः, जिसका धन पांच गाय हैं।

मू०–तत्पुरुषः समानाधिकरणः कर्मधारयः। १/२/४२।।

टी०–जिस तत्पुरुष समास के पद समान विभक्त्यन्त हों, उसको कर्मधारयसंज्ञा होती है।

मू०–संख्यापूर्वो द्विगुः। २/१/५२।।

टी०–जिस समास का पूर्व पद संख्यावाचक हो और वह समास के तीन प्रकारों में से कोई हो तो द्विगु कहलाता है।

मू०–द्विगुरेकवचनम्। २/४/१।।

टी०–जो समाहार द्विगु समास से प्रकाश किया जाये सो एकवचनान्त ही होगा।

मू०–स नपुंसकम्। २/४/१७।।

टी०–समाहार अर्थ में द्विगु या द्वन्द्व समास नपुंसकलिङ्ग हो। उ०–पञ्चगवम्, पाँच गाय का समूह।

मू०–विशेषणं विशेष्येण बहुलम्। २/१/५७।।

टी०–विशेष्य के साथ विशेषण नाना प्रकार से पूर्व के तुल्य, अर्थात् समस्यमान, हो। उ०–नीलोत्पलम्, नील कमल। नाना प्रकार से जो कहा है उसका यह आशय है कि कहीं-कहीं समास नित्य होता है। जैसे–कृष्णसर्पः, काला नाग। और कहीं-कहीं समास नहीं होता। जैसे–रामो जामदग्न्यः, राम जो जमदग्नि का पुत्र।

मू०–उपमानानि सामान्यवचनैः। २/१/५५।।

टी०–जिससे उपमा दी जाती है सो उपमान कहलाता है और जिसकी उपमा की जाती है सो उपमेय कहलाता है और जो धर्म उपमान और उपमेय में सामान्य रहता है उसके वाचक को सामान्यवचन कहते हैं। सीता का मुख चन्द्र के सदृश सुन्दर है। इस उदाहरण में सीता का मुख उपमेय है, चन्द्र उपमान है और सुन्दरता जो सीता के मुख में और चन्द्र में सामान्य है सो सामान्य धर्म है, और इस अर्थ का प्रतिपादक जो सुन्दर शब्द सो सामान्यवचन है। अब सूत्र का अर्थ लिखते हैं। सामान्यवचन के साथ उपमानवाचक शब्द समस्यमान होता है। उ०–घनश्यामः, मेघ के सदृश श्याम।

मू०–शाकपार्थिवादीनामुत्तरपदलोपो वक्तव्यः।।

टी०–ऐसा कहना चाहिये कि शाकपार्थिव के सदृश जो शब्द उनकी सिद्धि के लिये उत्तर पद का लोप होगा। उ०–शाकपार्थिवः, जिस राजा को खड्ग, मुष्टि, या साग, प्रिय हो। इस उदाहरण में प्रिय शब्द का लोप हुआ है। देवब्राह्मणः, देवताओं का पूजक जो ब्राह्मण। इस उदाहरण में पूजक शब्द का लोप हुआ है।

मू०–नञ्। २/२/६।।

टी०–नञ् जो अव्यय है सो सुबन्त के साथ पूर्व के सदृश, अर्थात् विकल्प करके समस्यमान होता है।

मू०–नलोपो नञः। ६/३/७३।।

टी०–नञ् के नकार का लोप होगा जब उत्तर पद परे रहे। उ०–अब्राह्मणः, जो ब्राह्मण न हो परंतु ब्राह्मण के सदृश हो।

मू०–तस्मान्नुडचि। ६/३/७४।।

टी०–जिस नञ् के नकार का लोप हुआ हो उस से परे जो अजादि पद उसको नुट् आगम हो। उ०–अनश्वः, जो घोड़ा नहीं है।

मू०–कुगतिप्रादयः। २/२/१८।।

टी०–कु शब्द और गतिसंज्ञक शब्द और प्र आदि शब्द समर्थ के साथ, अर्थात् एकार्थीभाव के योग्य शब्द के साथ, नित्य समस्यमान हों। उ०–कुपुरुषः, बुरा मनुष्य।

मू०–ऊर्यादिच्विडाचश्च। १/४/६१।।

टी०–ऊरी, अङ्गीकार, यह शब्द जिस गण के आदि में हो सो और च्विप्रत्ययान्त और डाच्प्रत्ययान्त क्रिया के योग में गति कहलाते हैं। उ०। ऊरीकृत्य, अङ्गीकार करके। शुक्लीकृत्य, अश्वेत को श्वेत करके। पटपटाकृत्य, पटत् पटत् ऐसा शब्द करके। सुपुरुषः, भला मनुष्य।

मू०–उपपदमतिङ्। २/२/१९।।

टी०–उपपदसंज्ञक जो हो सो समर्थ के साथ, अर्थात् एकार्थीभावयोग्य शब्द के साथ, नित्य समस्यमान हो और यह समास तिङन्त के साथ नहीं होता। उ०–कुम्भकारः, कुम्हार। तिङन्त के साथ नहीं होता ऐसा क्यों कहा। मा भवान् भूत्, आप नहीं होता।

मू०–अहःसर्वैकदेशसंख्यातपुण्याच्च रात्रेः। ५/४/८७।।

टी०–अहन्, सर्व, एकदेश वाचक, संख्यात, और पुण्य, इन शब्दों से परे जब रात्रि शब्द आवे तब उस से परे अच् प्रत्यय होगा। सूत्र में च जो कहा है उसका यह फल है कि संख्यावाचक शब्द अथवा अव्यय जिस रात्रि शब्द के आदि में रहे उस से भी परे अच् प्रत्यय होता है। इस सूत्र में अहन् शब्द का ग्रहण द्वन्द्व समास के निमित्त किया गया है क्योंकि अहन् और रात्रि इन दोनों शब्दों में तत्पुरुष समास का संभव नहीं है।

मू०–रात्राह्नाहाः पुंसि। २/४/२९।।

टी०–जिस समास का अन्त अवयव रात्र अथवा अह्न अथवा अह शब्द हो सो

पुल्लिङ्ग ही हो। उ०–अहोरात्रः, दिन और रात। सर्वरात्रः, सब रात। संख्यातरात्रः, गिनी रात, जैसे–पहली, दूसरी, इत्यादि।

मू०–संख्यापूर्वं रात्रं क्लीबम्।।

टी०–जिस रात्र शब्द के पूर्व संख्यावाचक शब्द हो सो नपुंसकलिङ्ग होता है। उ०–द्विरात्रम्, दो रात का समूह। त्रिरात्रम्, तीन रात का समूह।

मू०–राजाहःसखिभ्यष्टच्। ५/४/९१।।

टी०–राजन्, अहन्, और सखि, ये शब्द जिस तत्पुरुष समास के अन्त में हों उसका अन्त अवयव टच् प्रत्यय होगा। उ०–परमराजः, प्रधान राजा।

मू०–आन्महतः समानाधिकरणजातीययोः। ६/३/४६।।

टी०–महत् इस शब्द को आकार होय जब समानविभक्त्यन्त उत्तर पद परे रहे या जातीयर् प्रत्यय परे रहे। उ०। महाराजः, बड़ा राजा।

मू०–प्रकारवचने जातीयर्। ५/३/६९।।

टी०–प्रकार अर्थ में जातीयर् प्रत्यय होगा। उ०–महाजातीयः बड़े प्रकार वाला।

मू०–द्व्यष्टनः संख्यायामबहुव्रीह्यशीत्योः। ६/३/४७।।

टी०–संख्यावाचक शब्द जो उत्तर पद हो तो द्वि और अष्टन् शब्द को आकार हो परंतु जो बहुव्रीहि समास हो या अशीति शब्द परे हो तो नहीं। उ०–द्वादश, बारह। अष्टाविंशतिः, अट्ठाईस।

मू०–परवल्लिङ्गं द्वन्द्वतत्पुरुषयोः। २/४/२६।।

टी०–द्वन्द्व और तत्पुरुष समास का लिङ्ग उनके उत्तर पद के लिङ्ग के अनुसार हो। उ०–कुक्कुटमयूर्याविमे, कुक्कुट और मयूरी ये हैं। मूयरीकुक्कुटाविमौ, मयूरी और कुक्कुट ये हैं। अर्धपिप्पली, पीपरि का आधा भाग।

मू०–सामान्ये नपुंसकम्।।

टी०–विशेषरूप से लिङ्ग के अभाव की विवक्षा में नपुंसकलिङ्ग होता है। उ०–मृदु पचति, वह कोमल रींधता है। प्रातः कमनीयम्, प्रातःकाल रमणीय है।

इति तत्पुरुषः

बहुव्रीहि समास।

मू०–शेषो बहुव्रीहिः। २/२/२३।।

टी०–यहाँ से लेकर द्वन्द्व समास के पूर्व पर्यन्त यह अधिकार सूत्र समझा जाये। शेष प्रथमान्त है और अगला सूत्र केवल प्रथमान्त ही में लगता है।

मू०–अनेकमन्यपदार्थे। २/२/२४।।

टी०–अनेक प्रथमान्त शब्द जो अन्य पद के, अर्थात् द्वितीयान्त आदि पदों में से किसी पद के, अर्थ में वर्तमान हों तो वे विकल्प करके समस्यमान हों और यह समास बहुव्रीहिसंज्ञक होता है।

मू०–सप्तमीविशेषणे बहुव्रीहौ। २/२/३५।।

टी०–बहुव्रीहि समास में सप्तम्यन्त और विशेषण पूर्व रखे जाए। उ०–कण्ठेकाल:, जिसके गले में काला हो सो, अर्थात् शिव आदि। इस सूत्र में सप्तम्यन्त का पूर्व प्रयोग में कहा है उसके सामर्थ्य से यह ज्ञात होता है कि कहीं-कहीं प्रथमान्त से भिन्न-भिन्न विभक्त्यन्त पदों का भी बहुव्रीहि समास होता है।

मू०–हलदन्तात् सप्तम्याः संज्ञायाम्। ६/३/९।।

टी०–जिसके अन्त में हल् या अकार हो उस से परे सप्तमी का लुक् न हो जब संज्ञा अर्थ हो। उ०–त्वचिसार:, जिसका सार त्वचा में हो, अर्थात् बांस।

अब बहुव्रीहि समास के और उदाहरण लिखते हैं। प्राप्तोदको ग्राम:, जिस ग्राम को जल प्राप्त हुआ है। ऊढरथोऽनड्वान्, बैल जिस ने रथ ढोया है। उपहृतपशू रुद्र:, रुद्र जिसके लिये पशु भेंट दिया गया है। उद्धृतौदना स्थाली, बटलोही जिस से भात निकाला गया है। पीताम्बरो हरि:, हरि जिसके कपड़े पीले हैं। वीरपुरुषको ग्राम:, वह ग्राम जिस में मनुष्य वीर हैं।

मू०–स्त्रियाः पुंवद्भाषितपुंस्कादनूङ् समानाधिकरणे स्त्रियामपूरणीप्रियादिषु। ६/३/३४।।

टी०–शब्द का जो प्रवृत्तिनिमित्त कभी-कभी पुल्लिङ्गविशिष्ट भी होता हो सो प्रवृत्तिनिमित्त भाषितपुंस्क कहलाता है और जिस शब्द का यह प्रवृत्तिनिमित्त होता है उस शब्द से परे ऊङ् प्रत्यय यदि न रहे और वह शब्द जो स्त्रीवाचक हो तो पुंवाचक के सदृश उसके रूप हो जब समानविभक्त्यन्त स्त्रीलिङ्ग उत्तर पद परे रहे, परंतु पूष्णप्रत्ययान्त स्त्रीवाचक उत्तर पद परे हो या जिस गण के आदि में प्रिया शब्द हो उसका कोई शब्द उत्तर पद परे हो तो नहीं।

जैसे कोई मनुष्य जिसके कबरी गाय हों उसकी जो हम विवक्षा करें तो चित्रा

और गो जो दो शब्द हैं उनका एक विशेष्य अन्य पदार्थ रहेगा और गो शब्द के अन्त को गोस्त्रियोरुपसर्जनस्य इस सूत्र करके उकार होगा और फिर स्त्रीलिङ्ग जो चित्रा शब्द है उसका पुंवाचक के सदृश रूप अर्थात् चित्रा का चित्र हो जायेगा क्योंकि समानविभक्त्यन्त स्त्रीलिङ्ग जो गो शब्द सो उत्तर पद परे है। उ०–चित्रगु:, जिसके बकरी गाये हों सो। इसी प्रकार से रूपवती, भार्या, से रूपवद्भार्य:, जिसकी सुन्दर स्त्री हो सो। ऊङ् प्रत्यय यदि न रहे तो ऐसा क्यों कहा। वामोरूभार्य:, जिस स्त्री के ऊरू सुन्दर या असुन्दर हों। इस उदाहरण में ऊङ् प्रत्यय हुआ है इसी से ऊरु के अन्त को दीर्घ हुआ और इसीलिये यहाँ पुंवद्भाव नहीं हुआ।

मू०–बहुव्रीहौ सक्थ्यक्ष्णोः स्वाङ्गात् षच्। ५/४/११३।।

टी०–जिस बहुव्रीहि समास के अन्त में सचेतन शरीर के अवयव वाचक सक्थि, अक्षि, इन दोनों में से कोई शब्द रहे उसका अन्त अवयव षच् प्रत्यय होता है।

मू०–षः प्रत्ययस्य। १/३/६।।

टी०–प्रत्यय का आदि षकार इत्संज्ञक होता है। उ०–दीर्घसक्थ:, जिसकी जांघ लम्बी हो। जलजाक्षी, जिसकी आंखें कमल सी हों। सचेतन शरीर के अवयववाचक यह क्यों कहा। दीर्घसक्थि शकटम्, जिस गाड़ी का फड़ लम्बा हो।

मू०–उरःप्रभृतिभ्यः कप्। ५/४/१५१।।

टी०–समास के अन्त में जो उरस् आदि गण का कोई शब्द उस से परे कप् प्रत्यय हो और वह समास का अन्त अवयव हो। उ०–व्यूढोरस्क:, जिसकी छाती चौड़ी हो। प्रियसर्पिष्क:, जिसको घी प्रिय हो।

मू०–निष्ठा। २/२/३६।।

टी०–जिस शब्द के अन्त में निष्ठा प्रत्यय हो वह शब्द बहुव्रीहि समास में पूर्व रखा जाये। उ०–युक्तयोग:, जो योगाभ्यास में लगा दो।

मू०–शषाद्विभाषा। ५/४/१५४।।

टी०–शेष से परे अर्थात् जिस बहुव्रीहि समास से परे समासान्त का विधान हुआ हो उस से परे कप् प्रत्यय अन्त अवयव विकल्प करके हो। उ०–महायशस्क: या महायशा:, जिसका बड़ा यश हो।

इति बहुव्रीहिः।।

द्वन्द्व समास

मू०–चार्थे द्वन्द्वः। २/२/२९।।

टी०–अनेक सुबन्त जो च के अर्थ में वर्तमन हों तो वे विकल्प करके समस्यमान होंगे और जो समास हो उसको द्वन्द्वसंज्ञा हो। च इन अर्थों में आता है समुच्चय, अन्वाचय, इतरेतरयोग, और समाहार, अनेक पदार्थ जो परस्पर निरपेक्ष हों उनका एक पदार्थ में जो अन्वय अर्थात् सम्बन्ध उसको समुच्चय कहते हैं, जैसे, ईश्वरं गुरुं च भजस्व, ईश्वर और अपने गुरु को भजो। इस उदाहरण में ईश्वर और गुरु आपस में निरपेक्ष हैं अर्थात् कुछ अपेक्षा नहीं रखते और दोनों का अन्वय भजस्व इसी क्रिया में है। एक पदार्थ का मुख्य और अन्य का अमुख्य अन्वय जो किसी दूसरे पदार्थ में हो तो उसको अन्वाचय कहते हैं। जैसे–भिक्षाम् अट गां चानय, भिक्षा को जाओ और गाय लाओ। इस उदाहरण में अट जो क्रिया है उस में भिक्षा का तो मुख्य अन्वय है परंतु गाय का अमुख्य अन्वय है क्योंकि प्रधान कार्य भिक्षा ही है जो रास्ते में कहीं मिले तो उसको लाना हो नहीं तो नहीं। समुच्चय और अन्वाचय में समास नहीं होता क्योंकि इन में एकार्थीभाव नहीं रहता। उ०–धवखदिरौ छिन्धि, धव वृक्ष को और खैर के वृक्ष को काटो। इस उदाहरण में दोनों का सहितत्वरूप जो सम्बन्ध है उसको इतरेतरयोग कहते हैं। अनेक पदार्थों के समुदाय को समाहार कहते हैं, जैसे संज्ञापरिभाषम्, संज्ञा और परिभाषा का समुदाय।

मू०–राजदन्तादिषु परम्। २/२/३१।।

टी०–जिस गण के आदि में राजदन्त शब्द हो उस में जिसका पूर्व प्रयोग होना चाहिये उसका पर प्रयोग हो। उ०–राजदन्तः, दांतों का राजा। इस उदाहरण में उपसर्जन पूर्वम्, इससे दन्त शब्द का पूर्व प्रयोग पाया था। सो न हुआ।

मू०–द्वन्द्वे घि। २/२/३२।।

टी०–द्वन्द्व समास में घिसंज्ञक शब्द का पूर्व प्रयोग हो। उ०–हरिहरौ, विष्णु और शिव।।

मू०–अजाद्यदन्तम्। २/२/३३।।

टी०–जिस शब्द के आदि में अच् हो और अन्त में अकार हो सो भी द्वन्द्व समास में पूर्व रखा जाये। उ०–ईशकृष्णौ, शिव और कृष्ण।

मू०–अल्पाच्तरम्। २/२/३४।।

टी०–जिस शब्द में अल्प अच् हों उसका भी द्वन्द्व समास में पूर्व प्रयोग होगा। उ०–शिवकेशवौ, शिव और केशव।

मू०–पिता मात्रा। १/२/७०।।

टी०–समास में मातृ शब्द के साथ जब पितृ शब्द का समास हो तब पितृ शब्द विकल्प करके अवशिष्ट रहे। उ०–पितरौ वा मातापितरौ, माता और पिता।

मू०–द्वन्द्वश्च। प्राणितूर्यसेनाङ्गानाम। २/४/२।।

टी०–प्राणी चेतन, तूर्य बाजा, और सेना सेना, इन तीनों के अवयववाचक शब्दों का जो द्वन्द्व समास सो एकवचनान्त के सदृश होगा। उ०–पाणिपादम्, हाथ और पैर। मार्दङ्गिकपाणविकम्, मृदङ्ग और ढोल के बजाने वाले। रथिकाश्वारोहम्, रथ के चढ़ने वाले और अश्व के चढ़ने वाले।

मू०–द्वन्द्वाच्चुदषहान्तात् समाहारो। ५/४/१०६।।

टी०–जिस द्वन्द्व समास का अन्त अवयव चवर्गीय या द् या ष् या ह् हो उस से परे समास का अन्त अवयव टच् प्रत्यय होगा परंतु समाहार में। उ०–वाक्त्वचम्, वाक् इन्द्रिय और त्वक् इन्द्रिय का समुदाय। त्वक्स्रजम्, छाल और माला का समुदाय। शमीदृषदम्, शमी और पत्थर का समुदाय। वाक्त्विषम्, वाणी और दीप्ति का समुदाय। छत्रोपानहम्, छाता और जूता का समुदाय। समाहार क्यों कहा। प्रावृट्शरदौ, वर्षा ऋतु और शरद् ऋतु।

इति द्वन्द्वः

समासान्त प्रकरण

मू०–ऋक्पूरब्धूःपथामानक्षे। ५/४/७४।।

टी०–ऋच् वेद की ऋचा, पुर् नगर, अप् पानी, धुर् भार, और पथिन् पथ, ये शब्द जिस समास के अन्त में हों उसका अन्त अवयव अ प्रत्यय होगा परंतु जिस समास के अन्त में अक्षसंबंधी धुर् हो, अर्थात् पहिया की धुरी अर्थ में धुर् शब्द हो, उसका अन्त अ प्रत्यय नहीं होगा। उ०। अर्धर्चः, ऋचा का आधा। विष्णुपुरम्, विष्णु का नगर। विमलापं सरः, झील जिसका पानी विमल हो। राजधुरा, राजा का भार। परंतु धुर् शब्द जब अक्ष से संबंध रखता है तब, अक्षधूः, पहिया की धुरी। दृढ़धूरक्षः, जिस पहिया की धुरी पुष्ट हो। सखिपथो, रम्यपथो देशः, जिस देश में पथ मित्र हो या जिस देश का पथ रमणीय हो।

मू०—न पूजनात्। ५/४/६९।।

टी०—स्तुत्यर्थक शब्द से परे जो शब्द उस से परे समासान्तरूप तद्धित प्रत्यय न हों। उ०। सुराजा, भला राजा। अतिराजा, सब से श्रेष्ठ राजा।

इति समासान्ताः

तद्धित प्रकरण

मू०—समर्थानां प्रथमाद्वा। ४/१/८२।।

टी०—इस सूत्र के तीनों पदों का अधिकार प्राग्दिशों विभक्तिः इसके पूर्व पर्यन्त जाता है। सूत्र का अर्थ। जिन शब्दों में एकार्थीभाव की विवक्षा हो उन में से सूत्र में प्रथमोच्चारितशब्दबोध्य जो शब्द उस से परे तद्धित प्रत्यय विकल्प करके होंगे। जैसे, तस्यापत्यम् इत्यादि में प्रथमोच्चारित बोध्य षष्ठ्यन्त आदि से परे अण् आदि प्रत्यय होते हैं। समर्थः पदविधिः इस सूत्र से इस सूत्र में भी एकार्थीभाव का लाभ होता ही है फिर इस सूत्र में समर्थ पद जो कहा है उसका यह अभिप्राय है कि जिस पद में संधि का संभव हो उस में पहले संधि हो जाये तब उस पद से परे तद्धित प्रत्यय हो। जैसे, सु उपसर्गपूर्वक उत्थित शब्द किसी की संज्ञा हो तो सूत्थित शब्द में अत इञ् सूत्र लगे। और जो सु उत्थित ऐसी अवस्था में यह सूत्र लगेगा तो तद्धितेष्वचामादेः इस सूत्र के लग जाने पर सावुत्थितिः ऐसा अनिष्ट रूप बन जायेगा।

मू०—प्राग्दीव्यतोऽण्। ४/१/८३।।

टी०—तेन दीव्यति खनति जयति जितम्, इस सूत्र के पूर्व पर्यन्त अण् का अधिकार जानना।

मू०—दित्यदित्यादित्यपत्युत्तरपदाण्ण्यः। ४/१/८५।।

टी०—दिति, अदिति, आदित्य और जिसका अन्त अवयव पतिशब्द हो, इन से परे ण्य प्रत्यय, तेन दीव्यति खनति जयति जितम् इसके पूर्व जो पृथक्-पृथक् प्रत्यय आते हैं तिनके अर्थ में, होंगे। उ०—दैत्यः, दिति को संतान आदि। आदित्यः, अदिति का या आदित्य की संतान आदि। प्राजापत्यः, प्रजापति की संतान आदि।

मू०—बहिषष्टिलोपो यञ् च।।

टी०—बहिस् शब्द की टि का लोप हो और यञ् प्रत्यय हो। उ०—बाह्यः, बाहर जो हो।

मू०–ईकक् च।।

टी०–बहिस् की टि का लोप हो और ईकक् प्रत्यय भी हो।

मू०–किति च। ७/२/११८।।

टी०–अचों में आदि अच् को वृद्धि हो जब कित् तद्धित प्रत्यय परे हो। उ०–बाहीक:, बाहर जो हो।

मू०–गोरजादिप्रसङ्गे यत्।।

टी०–गो शब्द से परे अजादि प्रत्यय जो प्राप्त हों तो उन प्रत्ययों को बाधकर यत् प्रत्यय होगा। उ०–गव्यम्, गाय से जो उत्पन्न हो, इत्यादि।

मू०–उत्सादिभ्योऽञ्। ४/१/८६।।

टी०–उत्स आदि से परे अञ् प्रत्यय होगा। उ०–औत्स:, उत्स की संतान आदि। जिन प्रत्ययों के अर्थ संतान से आरब्ध होते हैं और विकार पर्यन्त समाप्त होते हैं सो प्रत्यय समाप्त हुए।

मू०–तस्यापत्यम्। ४/१/९२।।

टी०–जिस षष्ठ्यन्त पद में संधि हुई हो और वह तद्धित प्रत्यय के अर्थ के साथ एकार्थीभावरूप से मिल सके उस से परे वे प्रत्यय होंगे जो कहे गये हैं और जो आगे कहे जायेंगे।

मू०–ओर्गुण:। ६/४/१४६।।

टी०–उवर्णान्त भसंज्ञक को गुण हो जब तद्धित प्रत्यय परे रहे। उ०–औपगव:, उपगु की संतान। दैत्य:, दिति की संतान। औत्स:, उत्स की संतान।

मू०–अपत्यं पौत्रप्रभृति गोत्रम्। ४/१/१६२।।

टी०–संतानत्वरूप करके वक्ता को इष्ट जो पौत्र आदि सो गोत्रसंज्ञक होंगे।

मू०–एको गोत्रे। ४/१/९३।।

टी०–जब गोत्रसंज्ञक प्रत्यय की विवक्षा हो तब केवल एक ही प्रत्यय होगा। उ०–औपगव:, उपगु का पौत्र या प्रपौत्र आदि संतान।

मू०–गर्गादिभ्यो यञ्। ४/१/१०५।।

टी०–गोत्ररूप संतान अर्थ में गर्ग आदि से परे यञ् प्रत्यय होगा। उ०–गार्ग्य:, गर्ग का पौत्र या प्रपौत्र आदि संतान। वात्स्य:, वत्स का पौत्र या प्रपौत्र आदि संतान।

मू०–यञञोश्च। २/४/६४।।

टी०–गोत्ररूप संतान अर्थ में जो यञन्त और अञन्त शब्द उनका अवयव जो यञ् और अञ् उनका लुक् होय जब क्षेत्ररूप अर्थ में जो यञ् प्रत्यय या अञ् प्रत्यय तन्निमित्तक बाहुल्य हो परंतु गोत्रप्रत्ययान्त जो स्त्रीलिङ्ग हो तो नहीं। उ०–गर्गा:, गर्ग के पौत्र या प्रपौत्र आदि संतान। वत्सा:, वत्स के पौत्र या प्रपौत्र आदि संतान।

मू०–जीवति तु वंश्ये युवा। ४/१/१६३।।

टी०–जब बाप या दादा या परदाद कोई जीता हो तब चतुर्थ पीढ़ी आदि लेकर, अर्थात् प्रपौत्र आदि संतान केवल युवसंज्ञक होते हैं।

मू०–गोत्राद्यून्यस्त्रियाम्। ४/१/९४।।

टी०–युवसंज्ञक संतान अर्थ में जो प्रत्यय करना हो तो पहले गोत्ररूप संतान अर्थ में प्रत्यय हो ले तब उन्हीं पदों से युवरूप संतान अर्थ में प्रत्यय होगा परंतु स्त्रीलिङ्ग में युवन् संज्ञा नहीं होती।

मू०–यञिञोश्च। ४/१/१०१।।

टी०–गोत्ररूप संतान अर्थ में जो यञन्त या इञन्त शब्द उस से परे युवरूप संतान अर्थ में फक् प्रत्यय होता है।

मू०–आयनेयीनीयियः फढखच्छघां प्रत्ययादीनाम्। ७/१/२।।

टी०–प्रत्यय के प्रथमाक्षर जो फ्, ढ्, ख्, छ् और घ्, तिनको क्रम से आयन्, एय्, ईन्, और इय्, होंगे। उ०–गार्ग्यायण:, गर्ग का प्रपौत्र आदि संतान। दाक्षायण:, दक्ष का प्रपौत्र आदि संतान।

मू०–अत इञ् ४/१/९५।।

टी०–संतान अर्थ में अकारान्त से परे इञ् प्रत्यय होता है। उ०–दाक्षि:, दक्ष का संतान।

मू०–बाह्वादिभ्यश्च। ४/१/९६।।

टी०–बाहु आदि से परे इञ् प्रत्यय होता है। उ०–बाहवि:, बाहु की संतान। औडुलोमि:, उडुलोमन् की संतान। बाहु आदि गण आकृतिगण है।

मू०–लोम्नोऽपत्येषु बहुष्वकारो वक्तव्य:।।

टी०–अपत्य अर्थ में बहुत की विवक्षा रहते अ प्रत्यय होता है। बाह्वादिनिमित्तक इञ् का यह अपवाद है। उ०–उडुलोमा:, उडुलोमान् के बहुत संतान।

मू०–शिवादिभ्योऽण्। ४/१/११२॥

टी०–संतान अर्थ में शिव आदि से परे अण् प्रत्यय होता है। उ०–शैवः, शिव की संतान। गाङ्गः, गङ्गा की संतान।

मू०–स्त्रीभ्यो ढक्। ४/१/१२०॥

टी०–स्त्रीप्रत्ययान्त से परे ढक् प्रत्यय हो संतान अर्थ में। उ०–वैनतेयः, विनता का बेटा, अर्थात् गरुड़।

इत्यपत्याधिकारः

मू०–तदधीते तद्वेद। ४/२/५९॥

टी०–अधीते पढ़ता है, वेद जानता है, इन अर्थों में द्वितीयान्त से परे अण् आदि प्रत्यय होते हैं।

मू०–न य्वाभ्यां पदान्ताभ्यां पूर्वौ तु ताभ्यामैच्। ७/३/३॥

टी०–पदान्त यकार या वकार से परे जो अच् उसको वृद्धि नहीं होती और यकार या वकार से पूर्व ऐकार या औकार आगम क्रम से हो। उ०–वैयाकरणः, व्याकरण का पढ़ने वाला या उसका जानने वाला।

मू०–तेन रक्तं रागात्। ४/२/१॥

टी०–रंगा गया इस अर्थ में रङ्गवाचक जो तृतीयान्त शब्द उस से परे अण् प्रत्यय होगा। उ०–काषायम्, गेरू करके रंगा हुआ कपड़ा।

मू०–संस्कृतं भक्षाः। ४/२/१६॥

टी०–संस्कार किया गया इस अर्थ में सप्तम्यन्त से परे अण् प्रत्यय हो जिसका संस्कार होता हो सो जो भक्षण के योग्य हो। उ०–भ्राष्ट्रा भक्षाः, भरसाईं में जिसका संस्कार हुआ हो सो, जैसे यव की बहुरी, इत्यादि।

मू०–साऽस्य देवता। ४/२/२४॥

टी०–वह इसकी देवता है इस अर्थ में देवतावाचक जो प्रथमान्त उससे परे अण् प्रत्यय होता है। उ०–ऐन्द्र हविः, इन्द्र देवता की जो हवि या मन्त्र। पाशुपतम्, शिव देवता की जो हवि आदि। बार्हस्पत्यम्, बृहस्पति की जो हवि आदि।

मू०–तस्य समूहः। ४/२/३७।

टी०–समूह अर्थ में षष्ठ्यन्त से परे अण् आदि प्रत्यय हों। उ०–काकम्, कौओं का समूह।

मू०–तेन निर्वृत्तम्। ४/२/६८।।

टी०–बनाया गया इस अर्थ में तृतीयान्त से परे अण् आदि प्रत्यय होता है। उ०–कौशाम्बी, जो नगरी कुशाम्ब नामक राजा से बनाई गई हो।

मू०–तस्य निवासः। ४/२/६९।।

टी०–निवास अर्थ में षष्ठ्यन्त से परे अण् आदि प्रत्यय होता है। उ०। शैबः, क्षत्रिय जाति विशेष जो शिबि कहलाते हैं उनके रहने का देश।

मू०–अदूरभवश्च। ४/२/७०।।

टी०–दूर नहीं इस अर्थ में षष्ठ्यन्त से परे अण् आदि प्रत्यय होता है प्रकृति प्रत्यय का समुदाय जो देश की संज्ञा हो तो। उ०–वैदिशम्, विदिशा नामक नगर से जो दूर नहीं।

इति चातुरर्थिकाः

मू०–शेषे ४/२/९२।।

टी०–जिन अर्थों का आरम्भ अपत्य अर्थ से होता है और अन्त इस सूत्र पर्यन्त होता है तिन से भिन्न जो अर्थ सो शेष कहलाते हैं तिन में भी अण् आदि प्रत्यय होता है। उ०–चाक्षुषं रूपम्, चक्षु करके जो जाना जाता है जैसे–रूप। श्रावणः शब्दः, जो कान से सुना जाता है जैसे–शब्द। औपनिषदः पुरुषः, उपनिषद् विद्या करके जो जाना जाता है जैसे आत्मा। दार्षदाः सक्तवः, जो पत्थर में अर्थात् जांते में पीसा जाता है जैसे सतुआ। चातुरं शकटम्, चार से जो ढोया जाये जैसे रथ। चातुर्दशं रक्षः, जो चतुर्दशी में देखा जाता है जैसे राक्षस।

मू०–वृद्धिर्यस्याचामादिस्तद्वृद्धम्। १/१/७३।।

टी०–जिस समुदाय के अचों में पहला अच् वृद्धिसंज्ञक हो सो समुदाय वृद्धसंज्ञक होता है।

मू०–वृद्धाच्छः। ४/२/११४।।

टी०–वृद्धसंज्ञक शब्दों से परे छ प्रत्यय होता है। उ०–शालीयः, शाला में जो हो। तदीयः, उस में जो हो, इत्यादि।

मू०–कालाट्ठञ्।४/३/११।।

टी०–कालवाचक सप्तम्यन्त शब्द से परे ठञ् प्रत्यय होता है।

मू०–ठस्येकः।७/३/५०।।

टी०–अङ्गसंज्ञक से परे जो ठ् उसको इक् आदेश होता है। उ०–कालिकम्, सामयिक। मासिकम्, मास में जो हो। सांवत्सरिकम्, वर्ष में जो हो, इत्यादि।

मू०–तत्र जातः।४/३/२५।।

टी०–उत्पन्न हुआ इस अर्थ में सप्तम्यन्त समर्थ से परे अण् आदि प्रत्यय होते हैं। उ०–स्रौघ्नः, जो स्रुघ्न देश में उत्पन्न हुआ हो।

मू०–प्रायभवः।४/३/३९।।

टी०–प्रायभवः अर्थात् प्रायः होता है इस अर्थ में सप्तम्यन्त समर्थ से परे अण् आदि प्रत्यय होता है। उ०–स्रौघ्नः, जो प्रायः स्रुघ्न देश में होता है।

मू०–संभूते।४/३/४१।।

टी०–संभव अर्थ में सप्तम्यन्त समर्थ से परे अण् आदि प्रत्यय होता है। उ०–स्रौघ्नः, स्रुघ्न देश में जिसका संभव हो।

मू०–तत्र भवः।४/३/५३।।

टी०–हो इस अर्थ में सप्तम्यन्त समर्थ से परे अण् आदि प्रत्यय होते हैं। उ०–स्रौघ्नः, सुघ्न देश में जो हो। औत्सः, जो झरने में हो।

मू०–दिगादिभ्यो यत्।४/३/५४।।

टी०–तत्र भवः इस अधिकार में दिश् इत्यादि शब्दों से परे यत् प्रत्यय होता है। उ०–दिश्यम्, जो दिशा में हो। वर्ग्यम्, जो वर्ग में हो।

मू०–शरीरावयवाच्च।४/३/५५।।

टी०–तत्र भवः इस अधिकार में शरीर के अवयव के वाचक शब्दों से परे यत् प्रत्यय होता है। उ०–दन्त्यम्, दांत में जो हो। कण्ठ्यम्, कण्ठ में जो हो।

मू०–अध्यात्मादेष्ठञिष्यते।।

टी०–महाभाष्यकार की यह इच्छा है कि भव अर्थ में अध्यात्म आदि सप्तम्यन्त शब्दों से परे ठञ् प्रत्यय होता है।

मू०–अनुशतिकादीनां च।७/३/२०।।

टी०–अनुशतिक आदि शब्दों में पूर्व और उत्तर पदों के आदि अच् को वृद्धि होय जब ञित् या णित् या कित् प्रत्यय परे रहे। उ०–आध्यात्मिकम्, जो आत्मा में हो। आधिदैविकम्, देव में जो हो। आधिभौतिकम्, पञ्च भूत में जो हो। ऐहलौकिकम्, इस लोक में जो हो। यह अध्यात्म आदि गण आकृतिगण है।

मू०–तत आगतः। ४/३/७४।।

टी०–आया इस अर्थ में पञ्चम्यन्त शब्द से परे अण् आदि प्रत्यय होते हैं। उ०–स्रौघ्नः, स्रुघ्न देश से जो आया हो।

मू०–सोऽस्य निवासः। ४/३/८९।।

टी०–प्रथमान्त से परे अण् आदि प्रत्यय हों वह जिसका निवास स्थान है इस अर्थ में। उ०–स्रौघ्नः, जिसका निवास स्थान स्रुघ्न देश हो।

मू०–तेन प्रोक्तम्। ४/३/१०१।।

टी०–कहा गया इस अर्थ में तृतीयान्त से परे अण् आदि प्रत्यय हों। उ०–पाणिनीयम्, पाणिनि से जो कहा गया।

मू०–तस्येदम्। ४/३/१२०।।

टी०–यह है इस अर्थ में षष्ठ्यन्त से परे अण् आदि प्रत्यय होते हैं। उ०–औपगवम्, उपगु का जो हो।

इति शैषिकाः

मू०–तस्य विकारः। ४/३/१३४।।

टी०–विकार अर्थ में षष्ठ्यन्त से परे अण् आदि प्रत्यय हों।

विकार शब्द से प्रकृति की रूपान्तर प्राप्ति जानना जैसे दूध के विकार से दही आदि।

मू०–अश्मनो विकारे टिलोपः।।

टी०–पाषाणवाचक जो अश्मन् शब्द उसकी टि का लोप होता है जब विकारार्थक प्रत्यय परे रहे। उ०–आश्मः, पत्थर का विकार। भास्मनः, भस्म का विकार। मार्त्तिकः, मृत्तिका का विकार।

मू०–गोपयसोर्यत्। ४/३/१६०।।

टी०–विकार अर्थ में गो और पयस् इन षष्ठ्यन्त शब्दों से परे यत् प्रत्यय होता है। उ०–गव्यम्, गाय का विकार। पयस्यम्, दूध का विकार।

इति प्राग्दीव्यतीयाः

मू०–प्राग्वहतेष्ठक्। ४/४/१।।

टी०–इस सूत्र से लेकर तद्वहति इस सूत्र के पूर्व पर्यन्त ठक् प्रत्यय का अधिकार होता है।

मू०–तेन दीव्यति खनति जयति जितम्। ४/४/२।।

टी०–खेलता है या खोदता है या जीतता है या जो वस्तु जीती गई इन अर्थों में तृतीयान्त से परे ठक् प्रत्यय होता है। उ०–आक्षिकम्, पासा से जो खेलता है या खोदता है या जीतता है या जो वस्तु जीती गई।

मू०–संस्कृतम्। ४/४/३।।

टी०–संस्कार किया गया इस अर्थ में तृतीयान्त से परे ठक् प्रत्यय होता है। उ०–दाधिकम्।, दही से जिसका संस्कार किया गया हो। मारिचिकम्, मरिच से जिसका संस्कार किया गया हो।

मू०–तरति। ४/४/५।।

टी०–पार जाता है इस अर्थ में तृतीयान्त से परे ठक् प्रत्यय होता है। उ०–औडुपिक:, घर्नई से जो पार जाता है।

मू०–प्रहरणम्। ४/४/५७।।

टी०–प्रथमान्त में परे ठक् प्रत्यय होता है प्रहरण इस अर्थ में। जिससे मारें उसे प्रहरण कहते हैं। उ०–आसिक:, खड्गधारी। धानुष्क: धनुर्धारी।

मू०–निकटे वसति। ४/४/७३।।

टी०–वसता है इस अर्थ में सप्तम्यन्त निकट शब्द से परे ठक् प्रत्यय होता है। उ०–नैकटिको भिक्षुक: जो निकट बसता हो जैसे भिखारी।

इति ठगधिकारः

मू०–प्राग्घिताद्यत्। ४/४/७५।।

टी०–इससे लेकर तस्मै हितम् इस सूत्र के पूर्व पर्यन्त यत् प्रत्यय का अधिकार होता है।

मू०—तत्र साधुः। ४/४/९८।।

टी०—निपुण इस अर्थ में सप्तम्यन्त से परे यत् प्रत्यय होता है। उ०—सामन्यः, साम वेद में जो निपुण। कर्मण्यः, कर्म में जो निपुण। शरण्यः, शरण में जो निपुण।

मू०—सभाया यः। ४/४/१०५।।

टी०—निपुण इस अर्थ में सप्तम्यन्त सभा शब्द से परे यत् प्रत्यय होता है। उ०—सभ्यः, सभा में जो निपुण।

इति यतोऽवधिः

मू०—प्राक् क्रीताच्छः। ५/१/१।।

टी०—इस सूत्र से लेकर तेन क्रीतम् इस सूत्र के पूर्व पर्यन्त छ प्रत्यय का अधिकार होता है।

मू०—तस्मै हितम्। ५/१/५।।

टी०—हितकारक इस अर्थ में चतुर्थ्यन्त से परे छ प्रत्यय होता है। उ०—वत्सीयो गोधुक्, जो बछड़ों का हितकारक हो जैसे गाय का दुहने वाला जो उनके लिये दूध छोड़ दे।।

छयतोः पूर्णोऽवधिः

मू०—प्राग्वतेष्ठञ्। ५/१/१८।।

टी०—इस से लेकर तेन तुल्यम्, इस सूत्र के पूर्व पर्यन्त ठञ् प्रत्यय का अधिकार होता है।

मू०—तेन क्रीतम्। ५/१/३७।।

टी०—मोल लिया गया इस अर्थ में तृतीयान्त से परे ठञ् प्रत्यय होता है। उ०—साप्ततिकम्, सत्तर रुपयों से जो मोल लिया गया। प्रास्थिकम्, प्रस्थपरिमित धान आदि दे कर जो मोल लिया गया।

मू०—तदर्हति। ५/१/६३।।

टी०—योग्य है इस अर्थ में द्वितीयान्त से परे ठञ् प्रत्यय होय। उ०—श्वैतच्छत्रिकः, श्वेत छत्र के योग्य जो हो।

मू०—तेन निर्वृत्तम्। ५/१/७९।।

टी०–निष्पन्न हुआ इस अर्थ में तृतीयान्त से परे ठञ् प्रत्यय होता है। उ०–आह्निकम्, एक दिन करके जो निष्पन्न हुआ। यहाँ नस्तद्धिते इस से लोप नहीं होता क्योंकि अष्टाध्यायीस्थ अह्नष्टखोरेव यह नियमसूत्र बाध लेता है।

मू०–तेन तुल्यं क्रिया चेद्वतिः। ५/१/११५।।

टी०–तुल्य इस अर्थ में तृतीयान्त से परे वति प्रत्यय होता है जिस धर्म से तुलना करें सो जो क्रिया हो। उ०। ब्राह्मणवदधीते, वह ब्राह्मण के तुल्य अध्ययन करता है। जिस धर्म में तुलना करें सो जो क्रिया हो यह क्यों कहा तो इसका यह उत्तर है कि जब गुण से तुलना करें तब यह विधि न लगे। जैसे–पुत्रेण तुल्यः स्थूलः, पुत्र के तुल्य स्थूल।

मू०–तस्य भावस्त्वतलौ। ५/१/११९।।

टी०–भाव अर्थ में षष्ठ्यन्त से परे त्व या तल् प्रत्यय होता है। प्रकृति से, अर्थात् घट पट आदि शब्दों से घड़ा आदि से बोध होने में विशेषरूप से घटत्व आदि धर्म जो प्रतीयमान होता है सो भाव कहलाता है। उ०–गोत्वम् या गोता, गाय का जो धर्म। जिसका अन्त अवयव त्व रहता है सो नपुंसकलिङ्ग होता है और तल्प्रत्ययान्त स्त्रीलिङ्ग होता है।

मू०–प्रमाणे द्वयसज्दघ्नञ्मात्रचः। ५/२/३७।।

टी०–प्रमाणरूप अर्थ में प्रथमान्त से परे द्वयसच् दघ्नच् या मात्रच प्रत्यय होता है। उ०–ऊरुद्वयसम् या ऊरुदघ्नम् या ऊरुमात्रम्, जिसका प्रमाण जांघ परिमित हो।

मू०–यत्तदेतेभ्यः परिमाणे वतुप्। ५/२/३९।।

टी०–यद् तद् और एतद् इन प्रथमान्त शब्दों से परे वतुप् प्रत्यय होता है परिणामरूप अर्थ में। उ०–यावान्, जो परिमाण है जिसका, अर्थात् जितना तावान्, वह परिमाण है जिसका, अर्थात् उतना। एतावान्, यह परिमाण है जिसका, अर्थात् इतना।

मू०–तदस्यास्त्यस्मिन्निति मतुप्। ५/२/९४।।

टी०–उसका यह है या उस में यह है इस अर्थ में प्रथमान्त से परे मतुप् प्रत्यय होता है। उ०–गोमान्, जिसके गाय हैं या जिसमें गाय हैं।

मू०–अत इनिठनौ। ५/२/११५।।

टी०–अकारान्त शब्दों से परे इनि या ठन् प्रत्यय होता है मतुप् के अर्थ में। उ०–दण्डी या दण्डिकः, दण्ड जिसके पास हो।

इति मत्वर्थीयाः।।

मू०–प्राग्दिशो विभक्तिः। ५/३/१।।

टी०–इससे लेकर दिक् शब्देभ्यः जो सूत्र है उसके पूर्व पर्यन्त जितने प्रत्ययविधायक सूत्र हैं उनमें विभक्ति पद का अधिकार जाये, अर्थात् उन सूत्रों करके विहित जो प्रत्यय सो विभक्ति कहलाते हैं। अब स्वार्थिक प्रत्यय कहते हैं।

मू०–पञ्चम्यास्तसिल्। ५/३/७।।

टी०–किम् आदि पञ्चम्यन्त शब्दों से परे विभक्तिसंज्ञक होकर तसिल् प्रत्यय विकल्प करके होता है।

मू०–कुतिहोः। ७/२/१०४।।

टी०–जिस विभक्ति के आदि में तकार या हकार हो सो जब परे रहे तब किम् शब्द को कु होगा। उ०–कुतः या कस्मात्, कहाँ से।

मू०–इदम इश्। ५/३/३।।

टी०–इदम् को इश् होता है जब प्राग्दिशीय प्रत्यय परे रहे। उ०–इतः, इससे।

मू०–एतदोऽन्। ५/३/५।।

टी०–एतद् को अन् होगा जब प्राग्दिशीय प्रत्यय परे रहे। उ०। अतः, इस से। अमुतः, उससे। यतः, जिस से। ततः, उस से। बहुतः, बहुतों से।

मू०–सप्तम्यास्त्रल्। ५/३/१०।।

टी०–किम् आदि सप्तम्यन्त से परे त्रल् प्रत्यय विकल्प करके होता है।। उ०–कुत्र, किस में या कहाँ। यत्र, जहाँ या जिस में। बहुत्र, बहुतों में।

मू०–इदमो हः। ५/३/११।।

टी०–सप्तम्यन्त इदम् शब्द से परे ह प्रत्यय विकल्प करके होता है। त्रल् का बाधक यह प्रत्यय है। उ०–इह, यहाँ।

मू०–किमोऽत्। ५/३/१२।।

टी०–सप्तम्यन्त इदम् शब्द से परे ह प्रत्यय विकल्प करके होता है।

मू०–क्वाति। ७/२/१०५।।

टी०–किम् शब्द को क्व आदेश होगा जब अत् प्रत्य परे रहे। उ०–क्व या कुत्र, कहाँ।

मू०–सर्वैकान्यकिंयत्तदः काले दा। ५/३/१५।।

टी०–कालरूप अर्थ में वर्तमान जो सर्व, एक, अन्य, किम्, यद् और तद्, इन सप्तम्यन्त से परे दा प्रत्यय होता है।

मू०–सर्वस्य सोऽन्यतरस्यां दि। ५/३/६।।

टी०–सर्व शब्द को विकल्प करके स आदेश होता है जिस प्राग्दिशीय प्रत्यय के आदि में दकार हो सो जब परे रहे। उ०–सदा या सर्वदा, सब काल में या नित्य। अन्यदा, अन्य काल में। कदा, कब। यदा, जब। तदा, तब। कालरूप अर्थ में क्यों कहा सर्वत्र देशे, सब देश में।

मू०–इदमो र्हिल्। ५/३/१६।।

टी०–सप्तम्यन्त इदम् से परे र्हिल् प्रत्यय होता है।

मू०–एतेतौ रथोः। ५/३/४।।

टी०–कालरूप अर्थ में वर्तमान जो सप्तम्यन्त इदम् शब्द उसको एत या इत् होता है जिस प्राग्दिशीय प्रत्यय के आदि में रेफ या थकार हो सो जब परे रहे। उ०–एतर्हि, इस काल में। कालरूप अर्थ में क्यों कहा। इह देशे, इस देश में।

मू०–प्रकारवचने थाल्। ५/३/२३।।

टी०–प्रकाररूप अर्थ में तृतीयान्त किम् आदि से परे थाल् प्रत्यय होता है। उ०–तथा, उस प्रकार से।

मू०–इदमस्थमुः। ५/३/२४।।

टी०–तृतीयान्त इदम् शब्द से परे थमु प्रत्यय होगा। थाल् का यह बाधक है।

मू०–एतदोऽपि वाच्यः।।

टी०–ऐसा कहना चाहिये कि तृतीयान्त एतद् शब्द से भी परे थमु प्रत्यय होता है। उ०–इत्थम्, इस प्रकार से।

मू०–किमश्च। ५/३/२५।।

टी०–तृतीयान्त किम् शब्द से परे थमु प्रत्यय होता है। उ०–कथम्, किस प्रकार से।

इति प्राग्दिशीयाः

मू०–अतिशायने तमबिष्ठनौ।५/३/५५।।

टी०–अतिशयविशिष्ट अर्थ में वर्तमान जो प्रातिपदिक उस से परे स्वार्थ में तमप् और इष्ठन् प्रत्यय होता है। उ०–आद्यतम्:, इनमें यह अत्यन्त धनी है। लघुतमः या लघिष्ठः, बहुतों में से हल्का।

मू०–प्रशस्यस्य श्रः।५/३/६०।।

टी०–प्रशस्य शब्द को श्र आदेश होगा जब इष्ठन् या ईयसुन् प्रत्यय परे रहे।

मू०–प्रकृत्यैकाच्।६/४/१६३।।

टी०–जिसमें एक ही अच् हो वह जैसा का तैसा रहे जब इष्ठन् या ईयसुन् प्रत्यय परे हो। उ०–श्रेष्ठः या श्रेयान्, अधिक उत्तम।

मू०–ज्य च।५/३/६१।।

टी०–प्रशस्य शब्द को ज्य आदेश होगा जब इष्ठन् या ईयसुन् प्रत्यय परे रहे। ज्येष्ठः, जेठा।

मू०–ईषदसमाप्तौ कल्पब्देश्यदेशीयरः।५/३/६७।।

टी०–थोड़ी असमाप्ति विशिष्ट अर्थ में विद्यमान जो प्रातिपदिक उस से परे कल्पप्, देश्य, और देशीयर्, प्रत्यय होता है। उ०–विद्वत्कल्पः, जिसके विद्वान् होने में थोड़ी न्यूनता हो। और इसी अर्थ में विद्वद्देशीयः और विद्वद्देश्यः।

मू०–प्रागिवात् कः।५/३/७०।।

टी०–इस से लेकर इवे प्रतिकृतौ इस सूत्र के पूर्व पर्यन्त क प्रत्यय का अधिकार होता है।

मू०–अज्ञाते।५/३/७३।।

टी०–अज्ञातरूप अर्थ में वर्तमान जो प्रातिपदिक उस से परे क प्रत्यय होता है। उ०–अश्वकः, यह किसका घोड़ा है।

मू०–कुत्सिते।५/३/७४।।

टी०–निकृष्टताविशिष्ट अर्थ में वर्तमान जो प्रातिपदिक उस से परे क प्रत्यय होता है। उ०–अश्वकः, निकृष्ट घोड़ा।

मू०–प्रज्ञादिभ्यश्च।५/४/३८।।

टी०–प्रज्ञ आदि शब्दों से परे स्वार्थ में अण् प्रत्यय होता है। उ०–प्राज्ञः, पण्डित। दैवतः, देवता।

मू०–कृभ्वस्तियोगे सम्पद्यकर्तरि च्विः। ५/४/५०।।

टी०–इस सूत्र में अभूततद्भावे यह कहना चाहिये। जो सत्य हो सो भूत कहलाता है और जो सत्य न हो सो अभूत। अभूत का जो तद्भाव अर्थात् सत्यभाव सो अभूततद्भाव कहलाता है। अब सूत्र का अर्थ लिखते हैं। अभूततद्भाव गम्यमान सन्ते कृ, भू, और अस्, इन तीनों धातुओं में से किसी का योग जो हो तो सम् उपसर्ग पूर्व हो जिसके ऐसा जो पद धातु उसका जो कर्ता उस कर्ता में वर्तमान जो प्रातिपदिक उस से परे च्वि प्रत्यय स्वार्थ में विकल्प करके होता है।

मू०–अस्य च्वौ। ७/४/३२।।

टी०–अवर्ण को ईकार होगा जब च्वि प्रत्यय परे रहे। जो काला न हो और पश्चात् कृष्णता को प्राप्त हो, अर्थात् कोई काला कर दे तो ऐसा प्रयोग होगा जैसे कृष्णीकरोति। इसी प्रकार से ब्रह्मीभवति, वह ब्रह्म होता है। गङ्गीस्यात्, वह नद कदाचित् गङ्गा हो जाये।

मू०–विभाषा साति कार्त्स्न्ये। ५/४/५२।।

टी०–च्वि की विषयता रहते, अर्थात् जहाँ च्वि की प्राप्ति हो वहाँ, साति प्रत्यय विकल्प करके होता है जो साकल्य का बोध होता हो।

मू०–सात्पदाद्योः ८/३/१११।।

टी०–साति प्रत्यय के स् को और पद के आदि स् को ष् नहीं होता। अग्निसाद्भवति, सब शस्त्र अग्नि हो जाता है। इस उदाहरण में स् का ष् नहीं हुआ।

मू०–च्वौ च। ७/४/२६।।

टी०–जब च्वि प्रत्यय परे रहे तब अच् को दीर्घ होगा। उ०–अग्नीभवति, वह सब आग हो जाता है।

इति तद्धिताः

स्त्रीप्रत्यय

मू०–उगितश्च। ४/१/६।।

टी०–जिस प्रातिपदिक का उक् इत्संज्ञक हो उस से परे ङीष् प्रत्यय होय स्त्रीत्व की विवक्षा में। उ०–भवतृ से भवन्ती, होती हुई स्त्री। पचन्ती, रींधती हुई स्त्री।

मू०–टिड्ढाणञ्द्वयसज्दघ्नञ्मात्रच्तयप्ठक्ठञ्कञ्क्वरपः। ४/१/१५।।

टी०–टित्, ढ, अण्, अञ्, दघ्नच्, मात्रच्, तयप्, ठक्, ठञ्, कञ्, और क्वरप्, इनको टित् आदि प्रत्यय जानो। सूत्र का अर्थ। अनुपसर्जन जो टित् आदि प्रत्यय उनका अवयव जो अकार सो जिस प्रातिपदिक के अन्त में हो तिस से परे ङीप् प्रत्यय होगा स्त्रीत्व की विवक्षा में। उ०–कुरुचरी, जो कुरु को जाती है। पचादि गण में नद और देव शब्द टित् गिने हैं जैसे–नदट् और देवट्, इस लिये नदी, नदी। देवी, देवी। सौपर्णेयी, सुपर्णा के वंश की लकड़ी। ऐन्द्री, जिस ऋचा का देवता इन्द्र है। औत्सी, उत्स के वंश की लड़की। ऊरुद्वयसी या ऊरुदघ्नी या ऊरुमात्री, जिसका प्रमाण जांघभर का है।

मू०–षिद्गौरादिभ्यश्च। ४/१/४१।।

टी०–षित्प्रत्ययान्त से और गौर आदि शब्दों से परे ङीष् प्रत्यय होता है। उ०–नर्तकी, नृत्य करने वाली। इस उदाहरण में शिल्पिनि ष्वुन् इस सूत्र से ष्वुन् प्रत्यय हुआ है। गौरी, पार्वती। गौरादि गण आकृतिगण है।

मू०–वयसि प्रथमे। ४/१/२०।।

टी०–प्रथम वय वाचक अकारान्त से परे ङीप् प्रत्यय होता है। उ०–कुमारी, अनव्याही लड़की।

मू०–द्विगोः। ४/१/२१।।

टी०–अकारान्त जो द्विगु उस से परे ङीप् प्रत्यय होता है। उ०–त्रिलोकी, तीनों लोक का समूह। परंतु त्रिफला और त्र्यनीका ये पद सिद्ध होते हैं क्योंकि अजादि गण में पढ़े हैं।

मू०–कृदिकारादक्तिनः।।

टी०–कृत् प्रत्यय के इकार से अर्थात् तदन्त से परे ङीष् प्रत्यय विकल्प करके होता है परंतु क्तिन्प्रत्ययान्त को छोड़कर। उ०–रात्री या रात्रिः, रात।

मू०–पुंयोगादाख्यायाम्। ४/१/४८।।

टी०–पुल्लिङ्गविशिष्ट पदार्थ के सम्बन्ध में यदि पुरुष का नाम स्त्री में वर्तमान हो तो उस से परे ङीष् प्रत्यय होता है। उ०–गोपी, गोप की स्त्री।

मू०–सूर्याद्देवतायां चाप्।।

टी०–देवी अर्थ में सूर्य शब्द से परे चाप् प्रत्यय होता है। उ०–सूर्या, सूर्य की स्त्री जो देवी है। देवी अर्थ में यह क्यों कहा। इसलिये कि

मू०–सूर्यागस्त्ययोश्छे च ङ्यां च यलोपः।।

टी०–सूर्य और अगस्त्य जो शब्द उनके यकार का लोप हो जब छ प्रत्यय या ङी प्रत्यय परे रहे। उ०–सूरी कुन्ती, सूर्य की मनुष्यदेह वाली स्त्री, अर्थात् कुन्ती। जो मनुष्य देहवाली स्त्री न लेते तो यहाँ भी चाप् प्रत्यय हो जाता।

मू०–इन्द्रवरुणभवशर्वरुद्रमृड़हिमारण्ययवयवनमातुलाचार्याणामानुक्। ४/१/३९।।

टी०–इन्द्र, वरुण, भव, शर्व, रुद्र, मृड़, हिम, अरण्य, यव, यवन, मातुल, और आचार्य, इन शब्दों से परे ङीष् प्रत्यय होता है और उसके साथ ही आनक् आगम भी होता है। उ०–इन्द्राणी, इन्द्र की स्त्री। वरुणानी, वरुण देवता की स्त्री। भवानी, शिव की स्त्री। इसी प्रकार से शर्वाणी। रुद्राणी। मृड़ानी।

मू०–स्वाङ्गाच्चोपसर्जनादसंयोगोपधात्। ४/१/५४।।

टी०–शरीर के अवयव का वाचक ऐसा उपसर्जन कि जिसकी उपधा में संयोग न हो सो जिस प्रातिपदिक के अन्त में रहे उस से परे ङीष् प्रत्यय विकल्प करके होता है। उ०–अतिकेशी या अतिकेशा, जिसका केश सबसे बढ़कर हो। चन्द्रमुखी वा चन्द्रमुखा, जिसका मुख चन्द्र के सदृश हो। जिसकी उपधा में संयोग न हो ऐसा क्यों कहा। सुगुल्फा, जिस स्त्री के गुल्फ सुन्दर हों। उपसर्जन यह क्यों कहा। सुशिखा, सुन्दर चोटी। इस उदाहरण में शिखा उपसर्जन नहीं है।

मू०–नखमुखात् संज्ञायाम्। ४/१/५८।।

टी०–नख और मुख इन शब्दों से परे ङीष् प्रत्यय नहीं होता जब समुदाय से संज्ञा अर्थ गम्यमान हो।

मू०–पूर्वपदात् संज्ञायामगः। ८/४/३।।

टी०–पूर्व पद में स्थित जो निमित्त अर्थात् र् या ष् तिस से परे न् का ण् होता है जब समुदाय से संज्ञा अर्थ गम्यमान हो परंतु गकार का जो व्यवधान हो तो नहीं। उ०–शूर्पणखा, रावण की बहिन जिसके नख सूप ऐसे थे। गौरमुखा, किसी गोरेमुख वाली स्त्री की संज्ञा है। संज्ञा अर्थ गम्यमान हो यह क्यों कहा। ताम्रमुखी कन्या, वह कन्या जिसका मुख तामे के सदृश लाल हो।

मू०–जातेरस्त्रीविषयादयोपधात्। ४/१/६३।।

टी०–जातिवाचक प्रातिपदिक जो नियम करके स्त्रीलिङ्ग न हो और उसकी उपधा में यकार न हो तो उस से परे ङीष् प्रत्यय होता है स्त्रीत्व की विवक्षा में। उ०–तट से तटी, तीर। वृषली, शूद्रा। कठी, ऋग्वेद की कठ शाखा जिसे ब्राह्मण लोग पढ़ते हैं उनकी जाति की स्त्री। बह्वृची, बह्वृच् शाखा जिसे ब्राह्मण लोग पढ़ते हैं उनकी जाति की स्त्री। जातिवाचक क्यों कहा। मुण्डा, जिस स्त्री ने मूंड मुडाया हो। नियम करके स्त्रीलिङ्ग न हो यह क्यों कहा, बलाका, बकुला की पांति। उसकी उपधा में यकार न हो यह क्यों कहा। क्षत्रिया, क्षत्रिय जाति की स्त्री।

मू०–ऊङुतः। ४/१/६६।।

टी०–जिस मनुष्यजातिवाचक उकारान्त प्रातिपदिक की उपधा में यकार न हो उस से परे ऊङ् प्रत्यय होता है स्त्रीत्व की विवक्षा में। उ०–कुरूः, कुरु के वंश की स्त्री। उपधा में यकार न हो यह क्यों कहा, अध्वर्युब्राह्मणी, यजुर्वेदियों के वंश की ब्राह्मणी।

मू०–श्वशुरस्योकाराकारलोपश्च।।

टी०–श्वशुर शब्द के उकार और अकार का लोप होता है और ऊङ् प्रत्यय भी होता है। उ०। श्वश्रूः, सास।

मू०–यूनस्तिः। ४/१/७७।।

टी०–स्त्रीवाचक युवन् शब्द से परे ति प्रत्यय होता है। उ०–युवतिः, तरुण स्त्री।

इति स्त्रीप्रत्ययाः

शास्त्रान्तरे प्रविष्टानां बालानां चोपकारिका।
तत्त्वमादाय कौमुद्याः कृतेयं तत्त्वकौमुदी।।

जो अन्य-अन्य शास्त्रों में प्रविष्ट हैं परंतु व्याकरण नहीं जानते उनके और बालकों के उपकार के लिये वरदराजभट्टकृत मध्यकौमुदी लघुकौमुदी और सारकौमुदी का तत्त्वांश लेकर यह तत्त्वकौमुदीनामक ग्रन्थ बनाया।।

इति श्रीमत्कान्यकुब्जमिश्रसेवकरामसूनुमिश्रमथुराप्रसादविरचिता

।। तत्त्वकौमुदी समाप्ता।।